질문하는 믿음

Q series 1 　질문하는 믿음

ⓒ 김석년

초판 1쇄 인쇄 ｜ 2016년　9월　12일
초판 1쇄 발행 ｜ 2016년　9월　22일

지은이 ｜ 김석년
발행인 ｜ 강영란
편집 ｜ 송민재
교정교열 ｜ 권지연
디자인 ｜ Papertiger
마케팅 및 경영지원 ｜ 이진호

펴낸곳 ｜ 도서출판 샘솟는기쁨
주소 ｜ 서울시 충무로 3가 59-9 예림빌딩 402호
전화 ｜ 대표 (02)517-2045
　　　　 편집부 070-8119-3896
팩스 ｜ (02)517-5125(주문)
이메일 ｜ atfeel@hanmail.net

출판등록 ｜ 2012년 6월 18일

ISBN 978-89-98003-50-0(04230)
　　　 978-89-98003-49-4(set)

「이 도서의 국립중앙도서관 출판예정도서목록(CIP)은 서지정보유통지원시스템 홈페이지(http://seoji.nl.go.kr)와
　국가자료공동목록시스템(http://www.nl.go.kr/kolisnet)에서 이용하실 수 있습니다.(CIP제어번호: CIP2016021927)」

질문하는 믿음

김석년 지음

샘솟는기쁨

모든 것을 가진 자

무명의 전도자를 따라 기독교에 입문한 지 어느덧 50년이 흘렀습니다. 신학을 하고 목회자가 되어 교회를 섬긴 지도 35년이나 되었습니다. 말로 다할 수 없는 은혜였습니다. 저 같은 죄인이 예수를 임마누엘 그리스도로 믿을 수 있었다는 것, 그리스도의 몸 된 교회의 일꾼이 되어 복음 전파자로 쓰임 받았다는 것은 무한한 영광이요, 축복이었습니다.

그럼에도 뒤를 돌아보면 스스로는 충만하지 못했습니다. 늘 원인 모를 갈증을 느꼈습니다. 무언가에 쫓기듯 조급하고 초조했습니다. 그러던 차에 마틴 로이드 존스의 한마디가 저의 폐부를 찌르고 들어왔습니다.

"세상은 한 번도 기독교를 시도한 적이 없다. 기독교에 대해 말들은 많이 했지만, 기독교를 진정으로 시도한 적은 없다."

그 후로 저는 '진정한 기독교'가 무엇인지 질문하기 시작했습니다.

"기독교란 무엇인가? 도대체 믿음은 무엇이며, 그리스도인은 어떻게 살아야 하는가?"

묻고 또 묻고, 질문하고 또 질문하였습니다. 그리고 혹여 오랫동안 아무런 고민과 질문 없이 그저 변질된 기독교, 성공에 물든 기독교, 심리학에 물든 기독교, 비즈니스에 물든 기독교를 답습하고 전해 오지는 않았는지 자문하고 성찰했습니다.

하루는 자연 풍광이 아름다운 충남 보령의 갈매못 순교지를 방문했습니다. 그리고 그곳에서 한국 기독교 초기의 순교사(殉敎史)를 듣게 되었습니다.

천주교 병인박해(1866) 때에 30대의 젊은 프랑스 신부들과 노년의 성도들이 함께 잡혀 왔습니다. 신부들부터 차례로 목베임을 당하기 시작했습니다. 그 잔인하고 처참한 광경에 남은 신부들은 배교할 수밖에 없는 극도의 두려움에 떨고 있었습니다. 바로 그때, 함께 잡혀 온 노년의 성도들이 젊은 신부에게 다가가 꼭 안아주며 천국의 소망으로 위로합니다.

"이곳의 고통은 잠깐이면 지나갈 것입니다. 잠시 후에 우리는 신부님이 전하신 말씀대로 더 좋은 곳에서 그리스도와 영원히 살게 될 것입니다. 더 좋은 곳, 천국을 바라보세요."

이 말에 신부들은 정신을 차리고 새 힘을 얻어 담대히 참수형을 당할 수 있었다고 합니다.

도대체 기독교의 그 무엇이 이들을 죽음의 두려움도 불사하는 순교의 길로 가게 하였는지 묵상하며 순교 기념 성당 안으로 들어섰습니다. 그리고 입구 벽면에 하얀 글씨로 양각되어 있던 문구를 보는 순간, 저는 전기에 감전된 듯 그 자리에서 꼼짝 할 수 없었습니다.

"예수를 가진 자는 모든 것을 가진 자이다."

그날 이후 저는 진정한 기독교를 회복하기 위한 몸부림을 시작했습니다. 단순히 설교자로서가 아니라 한 사람의 그리스도인으로서 매일의 일상에서 조금도 망설임 없이 "나는 예수님 한 분으로 충분합니다. 나는 모든 것을 가진 자입니다"라고 고백하고 선포하였습니다. 그리고 이전과는 다르게 인간담론은 되도록 줄이고 오직 그리스도 한 분만을 전하고자 했습니다. 불꽃 속으로 눈송이가 뛰어들 듯, 그렇게 제가 그리스도께 던져지고 싶었습니다.

그 몸부림의 흔적을 모아 이 책을 엮었습니다. 특별히 이 책은 예전에 출간했던 『예수 신앙을 찾아서』(2013)를 토대로 새롭게 집필한 것입니다. 이 책이 다시 나오기까지 많은 수고와 도움을 주신 모든 분들에게 깊이 감사합니다.

　PART 1 '믿음에 대한 열 가지 질문'에서는 기독교 신앙의 핵심진리가 무엇인지 성경을 근거로 쉽게 이해할 수 있도록 설명했습니다. PART 2 '믿음으로 산다는 것'에서는 그리스도인의 삶에 있어서 우선순위가 무엇인지를 세상 가치와 대비해 보았습니다.

　아무쪼록 이 책을 통해 예수님 한 분으로 충분한 사람, 예수를 가진 자는 모든 것을 가진 자라고 고백할 수 있는 사람, 그래서 진정 그리스도를 구하고, 그리스도를 따르고, 그리스도를 보여주는 사람이 세워지기를 소망합니다.

　단 한 사람이라도 필적할 수 없는 한 분, 예수 그리스도를 만나 진정한 크리스천으로 살아갈 수 있다면… 아, 저는 더없이 행복하고 행복할 것입니다.

진정한 기독교를 꿈꾸며
2016년 8월, 김석년

CONTENTS

2/ 민음으로 산다는 것

1

믿음에 대한 열가지 질문

01

믿음의 본질은 무엇입니까?

　영국의 대설교가 마틴 로이드 존스는 당시 교회를 향해 이렇게 질타했습니다.

　"지금껏 기독교는 한 번도 시도되지 않았다."

　여기서 시도되지 않는 기독교란 바로 그 예수 신앙, 본질적인 기독교를 말합니다. 불행하게도 오랫동안 우리는 변질된 기독교, 사이비 기독교, 미신적 기독교를 보아왔고 믿어 왔으며 흉내냈습니다. 그래서 오늘날 사람들의 입에 오르내리며 비방과 비난거리가 되고 만 것입니다. 인도주의의 선구자요 비폭력 저항의 성자로 불렸던 마하트마 간디 또한 지적한 바 있습니다.

　"나는 그리스도를 좋아한다. 그러나 그리스도인은 싫어한다. 왜냐하면 그들은 그리스도를 본받지 않기 때문이다."

마치 저를 두고 하는 말 같았고, 한국교회를 두고 하는 말 같아 비수가 박힌 듯 가슴이 아파 왔습니다. 그렇다면 어떻게 바로 그 예수 신앙, 이제껏 제대로 시도되지 않은 본질적 기독교를 찾을 수 있을까요? 방법을 논하기에 앞서 이를 위해 반드시 전제해야 할 우리의 태도를 살펴봅니다.

가치를 인식하라

예수 신앙은 마치 밭에 감춰진 보화와 같습니다(마13:44-46). 혹은 장사꾼이 찾아 헤매다가 발견한 좋은 진주와도 같습니다. 한 소작농이 밭에서 일을 하다가 누군가 감추어 놓은 보화를 발견합니다. 또 한 보석 수집상이 보석을 찾아다니다가 좋은 진주를 찾아냅니다.

그들은 어떻게 변했을까요? 무엇보다 먼저 크게 기뻐했을 것입니다. 복권에 당첨된 듯 뜻밖의 보화를 발견한 기쁨, 오래도록 간절히 찾고 찾던 보석을 찾은 기쁨입니다. 밭의 보화를 찾은 자, 자신의 모든 소유를 팔아 그 밭을 살 것입니다. 진주를 발견한 자, 이제껏 모은 전 재산을 걸고라도 그 진주를 구할 것입니다. 왜 그렇습니까? 그들이 발견한 것이 자신의 전부와 바꾸어도 전혀 아깝지 않을 정도로 더 큰 가치가 있기 때문입니다.

당신에게 예수 신앙은 어떤 가치입니까? 예수 신앙이 내 모든 것과 다 바꾸어도 전혀 아깝지 않은 보화요, 진주입니까? 그 무엇과도 비교할 수 없는 '절대 가치'인가 말입니다.

요한의 복음서에 의하면, 예수님은 자신을 다양한 비유로 소개하셨습니다. 나는 생명의 떡이다(요 6:4). 나는 세상의 빛이다(요 9:5). 나는 양의 문이다(요 10:7). 나는 선한 목자이다(요 10:11). 나는 부활이요 생명이다(요 11:25). 나는 길이요 진리요 생명이다(요 14:6). 나는 포도나무요 너희는 가지이다(요 15:5).

이렇듯 예수 안에는 삶의 모든 필요는 물론이거니와 인생의 궁극적 목적까지 다 들어있습니다. 예수는 생명의 떡이기에 그 안에 배부름이 있습니다. 예수는 세상의 빛이기에 그 안에 눈부신 기쁨이 있습니다. 예수는 양의 문이기에 그 안에 평안이 있습니다. 예수는 선한 목자이기에 그 안에 인도하심이 있습니다. 예수는 부활이요 생명이기에 그 안에 영생과 천국이 있습니다. 예수는 길이요 진리요 생명이기에 그 안에 자유가 있습니다. 예수는 포도나무이기에 그 안에 풍성한 열매가 있습니다.

그러기에 예수, 그 절대 가치를 발견한 자는 기꺼이 자신의 모든 것을 팔아 예수 보화를 사는 것입니다. 바로 그 예수 신앙을 가진 자의 모습을 사도 바울은 이렇게 표현합니다.

"근심하는 자 같으나 항상 기뻐하고 가난한 자 같으나 많은 사람을 부요하게 하고 아무 것도 없는 자 같으나 모든 것을 가진 자로다"(고후 6:10)

그야말로 예수를 가진 자는 모든 것을 가진 자입니다.

상실을 회개하라

예수님의 어린 시절 일화입니다(눅 2:42-50).

부모인 요셉과 마리아가 유월절을 지키려고 예루살렘 성전에 다녀오던 중에 그만 아들 예수를 잃어버렸습니다. 동행하는 무리 중에 있는 줄 알고 있다가 사흘이나 지나서야 아들이 없어진 사실을 안 것입니다.

"예수를 잃어버렸다!"

이 얼마나 끔찍한 불행입니까? 그런데 이 같은 일이 우리에게도 되풀이 되고 있다는 사실이 더 큰 불행입니다. 오늘날 하나님을 예배하러 간 성도들이 예수를 잃어버리고 온다는 것입니다. 예수님을 통하지 않고는 하나님을 뵐 수도 예배할 수도 없는데 예배를 제대로 드리긴 한 것입니까? 혹시 만났다 하더라도 삶 속에서 예수님 없이는 크리스천으로 살 수 없는데 예수님을 성전에 고이고이 모셔두고 온 것은 아닙니까?

문제는 예수를 잃어버렸는데, 그 사실조차 모르고 살아갈 때가 많다는 것입니다. 왁자지껄하고 소란스런 세상 속에, 분주하고 치열한 일과 속에, 빨리 가서 돈 벌어야 한다는 계산 속에, 어딘가에 있겠지 하는 안일함 속에 빠져 예수님과 동행하지 못하는 것입니다.

당신은 예수님과 동행하고 있습니까? 예수께서 세상의 빛으로, 생명의 떡으로, 선한 목자로, 길과 진리와 생명으로 당신과 함께 동행하고 계십니까?

슬프게도 우리 안에 예수가 없습니다. 유명한 교회는 있는데, 웅장한 예배당은 있는데, 유창한 설교자는 있는데, 성공적인 봉사와 선교 현장은 있는데, 부자가 된 간증은 있는데, 정작 그 안에 예수가 없다는 것입니다.

당신 안에 예수가 계신지 증명해 보십시오. 예수와 함께하는 그 평안, 그 기쁨, 그 자유, 그 담대함, 그 희생, 그 천국을 보여 달라는 말입니다.

복음주의 권에서 수많은 저작을 남긴 존 스토트는 자신의 마지막 책 『제자도』에서 예수 신앙을 회복하고 따르기 위해 우리가 맞서야 할 시대적 풍조를 네 가지로 지적한 바 있습니다. 곧 다원주의, 물질주의, 상대주의, 나르시시즘입니다. 이를 우리 신앙에 비추어 생각해 봅니다.

다원주의

세상에 절대 진리는 존재하지 않고, 모든 것이 진리일 수 있다는 주장입니다. 굳이 예수님이 아니어도, 교회가 아니어도 구원받고 잘 살 수 있다고 말하는 것입니다. 따라서 서로의 종교를 신사적으로 인정해 주고, 좋은 것은 서로 배워서 세상에 평화와 휴머니즘을 추구하자고 제안합니다.

하지만 구원은 진리입니다. 진리는 그 무엇과도 타협할 수 없습니다. 기독교가 기독교인 이유는 오직 그리스도를 통한 구원의 진리이기 때문입니다. 기독교의 진리 안에서 우리는 서로 인정하고 화평하며 인류애와 배려의 삶을 살 수 있습니다. 그러나 다른 구원의 길을 인정하는 순간, 우리는 기독교인으로서의 정체성을 상실하고 말 것입니다.

물질주의

더 많이 소유하고, 더 크게 성공하고, 더 많은 사람 위에 서는 것을 인생의 목표이며 목적으로 삼는 것입니다. 이에 따르면 교회 다니고 신앙생활하는 것도 결국 더 많은 소유, 더 큰 성공, 더 많은 사람을 다스리기 위한 일이 됩니다. 혹 "나는 예수님을 만나서 이전에 좋은 모든 것을 버렸습니다. 나는 쫄딱 망했습니다. 그래서 무척 행복합니다"라는 식의 간증을 들어 보았습니까? 망하는 것이 결론이 되는 간증은 들어 본 적이 없습니다. 망했지만 더 많이 벌었고, 더 크게 성공했고, 더 높이 올라가야 해피엔딩이 됩니다.

그리스도를 아는 지식 외에는 모든 것을 배설물로 여긴다는 바울의 고백은 도대체 어떻게 이해해야 할까요? 하나님은 가난을 부요로, 약함을 강함으로 반전시키지만 그것은 우리의 무능력을 드러내고, 우리의 가치가 하나님께 있음을 고백할 때만 진정한 축복이 될 수 있습니다.

대체로 우리의 눈은 하나님과의 관계가 아닌 하나님의 주머니에서 나오는 무엇, 곧 '축복'에 쏠려 있는 경우가 많습니다. 스스로 깊이 생각해 보십시오. 진정 당신은 예수를 따르기 원합니까? 아니면 예수로 인해 더 잘 살길 원합니까? 예수가 본질입니까? 수단입니까?

윤리적 상대주의
성경의 절대 기준을 따르지 않고 현실 상황에 따라 적절하게 처신하라는 주장입니다. 소위 상황 윤리입니다. 성경에서

'No'라고 하면 어떤 상황에서도 아니어야 하는데, 편의와 필요, 욕망과 상황에 따라 'Yes'라고 합리화 하게 됩니다.

복음은 분명하고 단순한 것인데 오늘날 수많은 신앙인들은 말합니다.

"신앙생활 하기 너무 어려워요. 성경말씀대로 살기가 어렵습니다. 성경의 시대와 지금은 다르죠. 하나님이 무엇을 원하시는지 모르겠어요. 말씀이 잘 믿어지지 않습니다."

그들에게 되묻고 싶습니다.

"무엇 때문에 그렇게 어렵습니까? 그대로 살기가 왜 어렵습니까? 혹 안 믿어지는 것이 아니라 안 믿어진다는 사실을 믿고 있지는 않습니까? 정말 안 믿어지는 것입니까, 아니면 안 믿고 싶은 것입니까?"

나르시시즘

지나친 자기애(自己愛), 즉 자아도취 현상입니다. 지구의 중심이 나에게 쏠려 있는 것입니다. 나의 행복, 나의 관심, 나의 성향이 세상의 기준이 됩니다. 당연히 신앙도 나를 위한 것이어야 합니다. 봉사, 구제, 헌신 등 온전히 다른 사람을 위해 사는 것 같아도 그것이 내게 주는 보람, 의미, 성취가 없다면 어려워합니다. 경건의 모양은 있으나 능력이 없는 신앙인 것입니다.

물론 예수님은 나를 위해 오셨습니다. 나를 사랑하시고, 나를 귀히 여겨주십니다. 그러나 동시에 예수를 아는 자는 자기를 부인하고 예수를 위해 살아갑니다. '자기애'가 아니라 '예수애'로 사는 것입니다. 전도를 하고 봉사를 하는 것도 타인을 사랑하는 나의 관점이 아니라 예수의 관점에서 행해야 합니다. 성취나 보람, 의미는 예수를 사랑하는 단 한 가지 이유 안에서 모두 채워지는 것입니다.

스스로 진단해 보십시오. 당신 안에 예수가 계십니까? 예수 복음, 예수 진리, 예수 능력이 있습니까?

"네가 말하기를 나는 부자라 부요하여 부족한 것이 없다 하나 네 곤고한 것과 가련한 것과 가난한 것과 눈 먼 것과 벌거벗은 것을 알지 못하는 도다… 그러므로 네가 열심을 내라 회개하라"(계 3:17, 19)

본질을 회복하라

예수님이 태어나기 전, 천사가 요셉에게 나타나 성령으로 마리아에게서 태어날 메시아의 이름을 일러주었습니다(마 1:21-23).

믿음에 대한 열 가지 질문

"아들을 낳으리니 이름을 예수라 하라 이는 그가 자기 백성을 그들의 죄에서 구원할 자이심이라… 보라 처녀가 잉태하여 아들을 낳을 것이요 그의 이름은 임마누엘이라 하리라 하셨으니 이를 번역한 즉 하나님이 우리와 함께 계시다 함이라"(마 1:21, 23)

여기서 '예수'는 인간적인 호칭으로 그 뜻은 '죄에서 구원할 자'입니다. 반면에 '임마누엘'은 신적인 호칭으로 '하나님이 우리와 함께 계시다'는 뜻을 가지고 있습니다. 참으로 놀라운 사실은 이 두 이름의 연합입니다. 곧 예수는 임마누엘(우리와 함께 하시는 하나님)이시고, 임마누엘은 예수(구원)인 것입니다.

이것이 바로 예수 신앙의 본질입니다. 예수 임마누엘, 임마누엘 예수! 이것이 우리의 신앙고백이고, 매일의 기도이고, 삶의 체험이고, 일상의 행복이고, 인생의 능력이고, 온 생애의 목적인 것입니다.

예수 임마누엘, 임마누엘 예수는 신앙인의 모든 것입니다. 크리스천에게 이보다 앞서는 것은 없습니다. 그래서 예수 신앙의 기본은 예수 임마누엘, 임마누엘 예수를 매일 순간순간 의식하고, 경험하는 것입니다. 예배로, 기도로, 묵상으로, 행동으로, 습관으로, 일상으로 경험해야 합니다.

예수 임마누엘, 임마누엘 예수의 고백 없이는 그 누구도 예수 신앙을 지속할 수 없습니다. 당신은 하루에 얼마나 이 사실을 묵상하며 고백하고 있습니까? 그 묵상과 고백 가운데 나타나는 삶만이 신앙인으로서의 모습입니다.

오직 한 사람

어느 기독교 잡지 표지에 수채화로 그린 예수 그리스도의 초상이 실려 있었습니다. 그 그림 아래에 눈에 띄지 않는 작은 글씨로 이런 문구도 적혀 있었습니다.

"필적할 수 없는 한 사람, 예수를 만났는가?"

그 어떤 것으로도 대신할 수 없는 '예수'라는 뜻입니다. 이 문장을 읽으면서 오래 전 '예술사'에 전해 내려오는 한 이야기가 생각났습니다.

옛날에 한 조각가가 있었습니다. 그는 주님의 형상을 조각했고, 사람들은 그 작품을 보기 위해서 먼 곳으로부터 찾아왔습니다. 방문한 사람들은 저마다 주님을 만나고, 느끼고 싶어 이리저리 자리를 바꿔가며 작품을 감상했지만 아무런 감동을 느낄 수 없었습니다. 그 이유를 항의하듯 작가에게 따져 물었습니다. 그러자 그는 조용히 이렇게 답변합니다.

"단 한 각도에서만 이 작품 속의 주님을 만날 수 있지요. 바로 무릎을 꿇고 보는 것입니다."

당신은 필적할 수 없는 한 사람, 예수를 만났습니까? 그분을 매일, 오늘, 지금 이 순간에 만나고 있습니까? 혹 예수와의 만남을 아름다운 추억 정도로 여기고 있지는 않습니까? 아니면 황홀하고 극적인 어느 한 순간의 경험에 불과했습니까?

바로 지금, 그분 앞에 무릎을 꿇으십시오. 그분의 주위를 맴돌며 어떻게 감상할지 고민하지 말고 그저 무릎 꿇고 엎드리십시오. 그리고 되새기십시오. 십자가는 나를 구원하고, 세상을 구원하는 예수 임마누엘, 임마누엘 예수의 근원입니다. 더 이상 시대정신을 운운하지 마십시오. 휴머니즘의 고상함도 추구하지 마십시오.

예수 임마누엘이야말로 어제도 오늘도 내일도 역사하시는 영원한 '시대정신'입니다. 임마누엘 예수야말로 세상을 이처럼 사랑하신 하나님의 '휴머니즘'입니다. 다원주의, 물질주의, 윤리적 상대주의, 나르시시즘에 순응하지 말고 본질적 예수 신앙에 올곧게 서십시오.

아직도 망설이고 있습니까?

예수 임마누엘, 임마누엘 예수는 이미 당신을 위해 모든 것을 시도하고, 모든 것을 완성하셨습니다. 문제는 당신이 거기에 연결되어 있는가 입니다. 비교할 수 없는 한 사람 예수, 그분과 동행하십시오. 당신에게 한 번도 시도되지 않았던 기독교, 바로 그 예수 신앙을 회복하십시오. 그럴 때 비로소 예수 임마누엘, 임마누엘 예수를 누리며 천국의 기쁨, 세상의 희망을 얻게 될 것입니다.

　"예수를 가진 자는 모든 것을 가진 자입니다."

02

믿음의 근거는 무엇입니까?

20세기를 대표하는 지성으로 손꼽히는 노벨상 수상자 버트런트 러셀은 『나는 왜 그리스도인이 아닌가』를 출간하여 큰 반향을 일으켰습니다. 그는 서문에서 이렇게 밝힙니다.

"세상의 모든 종교는 모두 거짓이며 해롭다고 생각한다."

이런 그의 주장은 하나님이 존재한다고 믿어 온 크리스천들에게 믿음에 대한 각성을 불러일으켰고, "나는 왜 그리스도인이 되었는가?"를 질문하도록 자극했습니다.

현대는 소위 다양한 '종교 뷔페'가 차려져 있는 다원주의 시대입니다. 이 같은 상황 속에 나는 왜 그리스도인이 되었는가에 대한 분명한 답이 없다면 신앙의 진전과 성숙으로 나아가기 어려울 것입니다. 우리는 왜 그리스도인이 되었습니까?

우선 쉽게 떠오르는 생각을 나열해 봅니다.

- 부모의 신앙을 따라 자연스럽게 그리스도인이 되었다.
- 누군가의 권유로 그리스도인이 되었다.
- 불의의 사고나 병으로 인간 한계점에 이르러 그리스도인 이 되었다.
- 인생에 대한 끝없는 질문과 탐구의 과정을 통해 스스로 그리스도인이 되었다.
- 우연한 기회에 별 생각 없이 그리스도인이 되었다.

이는 흔히 있을 수 있는 답변들입니다. 그러나 우리가 그리스도인이 된 데에는 더 깊은 이유가 있습니다. 누군가의 권면이나 스스로의 결단 때문만은 아니며, 우연은 더더욱 아닙니다. 여기에는 보다 근원적인 진실이 숨겨져 있습니다. 바로 하나님의 '집요한 사랑의 추적'입니다.

하나님의 집요한 추적

저는 유교색이 짙은 안동 김씨 집안에서 태어났습니다. 6살 되던 해에 무명의 전도자를 만나 할머니와 함께 교회에 첫 발을 내딛었습니다.

초등학교와 중학교 시절을 거치며 가정에 질병, 다툼, 실패,

죽음 등의 우환이 잇따르자 온 가족이 조금씩 예수 신앙의 길로 향하게 되었습니다.

그러던 중에 더 이상 피할 여지가 없는 한 가지 사건이 일어났습니다. 16살 청소년기에 '척추결핵'이라는 병에 걸려 죽음의 문턱에 이른 것입니다. 그 순간 하나님 외에는 살 길이 없었습니다.

"하나님, 살려만 주신다면 평생 당신을 위해 살겠습니다."

그것이 무슨 의미인 줄도 모르고 간구했지만, 하나님은 저의 생명을 연장시켜 주셨습니다. 사실 그 이후로 기회가 있을 적마다 하나님으로부터 멀리 도망치곤 했습니다. 그러나 하나님의 집요한 추적을 피할 수는 없었습니다. 돌아보면 사고, 질병, 갈등, 실패 등 모든 고난이 나를 끝까지 추적하시는 하나님의 집요함이었음을 깨닫게 됩니다.

하나님의 집요한 추적은 베드로, 바울, 어거스틴, C. S. 루이스 등 수많은 믿음의 선조와 그리스도들의 한결같은 증언입니다. 저명한 방송인이며 크리스천 작가였던 말콤 머거리지는 그 집요한 사랑의 추적을 다음과 같이 고백했습니다.

"맞습니다. 당신은 거기 계셨습니다. 나도 압니다. (중략) 내가 아무리 멀리 그리고 빨리 달려도 여전히 내 어깨 너머로 바짝 따라오는 당신의 모습을 흘끗 볼 수 있었습니다. 그러면 그 어느 때보다도 더 빨리 그리고 더 멀리 달리면서 '이제는 정말로 도망쳤다'고 의기양양했습니다. 하지만 당신은 여전히 내 뒤를 따라오고 계셨습니다. 이제는 더 이상 도망칠 곳이 없습니다."

그렇습니다. 하나님의 추적이 시작된 이상 도망칠 곳은 없습니다. 도망칠수록 아프고, 달아날수록 더 고통스러울 뿐입니다.

언제까지 도망치겠습니까? 이제 도망을 멈추고 '위대한 연인'이신 하나님 품으로 달려와 안기십시오. 그 품 안에서만 그토록 갈망하는 평안과 자유, 풍요와 행복을 얻을 수 있습니다.

가장 위대한 초대

하나님께서는 우리를 끝까지 추적하실 뿐만 아니라, 우리가 도망을 포기한 그 지점에서 "어서 내게 오라"며 두 팔을 활짝 벌려 초청해 주십니다.

"수고하고 무거운 짐 진 자들아 다 내게로 오라 내가 너희를 쉬게 하리라 나는 마음이 온유하고 겸손하니 나의 멍에를 메고 내게 배우라 그리하면 너희 마음이 쉼을 얻으리니 이는 내 멍에는 쉽고 내 짐은 가벼움이라 하시니라"(마 11:28-30)

이 말씀은 역사상 가장 위대한 초대, 곧 우리 주 예수 그리스도의 초대입니다. 과연 우리를 어디로 이끌고자 초청하시는 것입니까?

첫째, 전 인류를 향한 '구원'으로의 초대입니다.
"다 내게로 오라."

수고하고 무거운 죄 짐을 진 모든 사람을 향한 초대입니다. 예수님은 인류의 모든 죄를 지고 십자가에 죽으심으로 우리 죄를 단번에 다 사하셨습니다.

"… 여호와께서는 우리 모두의 죄악을 그에게 담당시키셨도다"(사 53:6)

예수 십자가 대속은 하나님께서 죄인을 살리시는 유일한 길입니다(요 14:6). 다른 길은 없습니다. 오직 예수 십자가만이 사죄의 길입니다. 십자가에는 사죄의 능력이 있습니다. 예수 십자가는 모든 죄를 동에서 서가 먼 것 같이 완전히 사라지게 합니다.

과거 현재 미래, 죄의 시제와 경중에 상관없이 예수 십자가로 사함 못할 죄는 없습니다. 예수 십자가를 믿는 자마다 죄 사함을 받습니다. 십자가의 능력으로 죄와 죄책감으로부터 해방되는 것입니다. 더 이상 누구도 정죄할 수 없는 완벽한 사함입니다.

"그러므로 이제 그리스도 예수 안에 있는 자에게는 결코 정죄함이 없나니 이는 그리스도 예수 안에 있는 생명의 성령의 법이 죄와 사망의 법에서 너를 해방하였음이라"(롬 8:1-2)

따라서 예수 십자가를 믿는 자마다 죄와 사망으로부터 해방되어 참된 쉼을 누릴 수 있습니다.

"평안을 너희에게 끼치노니 곧 나의 평안을 너희에게 주노라 내가 너희에게 주는 것은 세상이 주는 것과 같지 아니하니라 너희는 마음에 근심하지도 말고 두려워하지도 말라"(요 14:27)

둘째, 믿는 자를 향한 '제자'로의 초대입니다.

예수님은 말씀하셨습니다.

"나는 마음이 온유하고 겸손하니 내게 와서 배우라 그리하면 너희 마음이 쉼을 얻으리니"(마 11:29)

흔히 예수 믿으면 모든 것이 잘 된다고 말합니다. 이는 사실이기도 하고 아니기도 합니다. 예수를 믿어 죄 사함 받고 하나님 자녀가 되면 이미 무엇과도 비교할 수 없는 큰 복을 받은 것입니다. 또한 약속하신 대로 예수 이름으로 기도하면 응답을 받습니다. 그러나 동시에 크리스천이라는 사실 때문에 멸시, 천대, 무시, 손해, 박해 등 고난을 받는 것도 사실입니다.

"무릇 그리스도 예수 안에서 경건하게 살고자 하는 자는 박해를 받으리라"(딤후 3:12)

'모난 돌이 정을 맞는다'는 속담이 있습니다. 때로는 자신의 모난 성품 때문에 고난이 점점 더 무거워지는 경우도 있습니다. 그럼에도 우리의 신앙이 성숙해져서 그리스도의 성품을 소유할 때 고난의 짐은 점차 사라지고 세상이 방해할 수 없는 쉼, 평안을 누리게 될 것입니다.

혹 신앙생활을 하면서 자주 상처받고 섭섭한 일이 생깁니까? 그것은 대부분 '가난한 마음'을 소유하지 못한데서 비롯된 것입니다. 예수 십자가 앞에서 자신의 가난함을 깨닫는 자는 섭섭하고 상처받을 일이 없습니다. 내 자신이 가진 것이 많다고 생각하며 그에 맞는 대접과 인정을 받지 못할 때 섭섭함과 상처가 자리잡게 되는 것입니다.

"주여, 저는 죄인입니다. 한없이 비천한 사람입니다"

이렇게 고백하는 자가 가난한 자입니다. 그에게는 모든 일이 은혜이고 감사이고 행복이 됩니다. 반대로 자신 스스로를 가진 자요, 높은 자의 자리에 두는 사람은 모든 것이 불만이고 불안이며 불행할 수밖에 없습니다.

그리스도를 본받아 가난한 마음을 가졌습니까? 예수를 닮는다는 것은 그리스도처럼 종의 마음을 갖는 것을 뜻합니다. 무엇을 성취하기보다 먼저 그리스도를 닮은 존재가 되는 것을 인생의 목적으로 정하십시오. 그리스도인은 무엇을 '하는 것'보다 어떤 존재가 '되는 것'에 우선순위를 두는 사람입니다.

어떻게 그리스도를 닮은 존재가 될 수 있을까요? 그리스도의 말씀과 성품을 깊이 묵상하는 것입니다. 그리스도의 성육신, 제자들의 발을 씻기신 그리스도의 헌신, 십자가 죽음까지 자청한 그리스도의 복종을 날마다 마음에 품어야 합니다. 또한 기도와 의지적 결단으로 그것을 실제로 행해야 합니다.

"너희 안에 이 마음을 품으라 곧 그리스도 예수의 마음이니 그는 근본 하나님의 본체시나 하나님과 동등 됨을 취할 것으로 여기지 아니하시고 오히려 자기를 비워 종의 형체를 가지사 사람들과 같이 되셨고 사람의 모양으로 나타나사 자기를 낮추시고 죽기까지 복종하셨으니 곧 십자가에 죽으심이라"
(빌 2:5-8)

셋째, 제자를 향한 '사명'으로의 초대입니다.

"나의 멍에를 메고 내게 와서 배우라… 이는 내 멍에는 쉽고 내 짐은 가벼움이라 하시니라"(마 11:29, 30)
예수 제자는 누구나 스스로 감당해야 할 사명의 짐이 있습

니다. 목사, 장로, 집사, 직분자, 성도이기 때문에 예수님을 대신하여 짊어지고 가야 하는 짐이 있는 것입니다.

결코 달게 받을 수 없는 이 무거운 짐을 어떻게 지고 갈 수 있습니까? 이는 그 길의 전문가이며 주권자이신 예수님께 배워야 합니다. 예수님은 십자가를 지는 것이 인류 구원을 위한 자신의 사명임을 아셨습니다. 제자들과 마지막 만찬을 나누고, 십자가로 향하신 주님의 태도를 보십시오.

"이에 그들이 찬미하고 감람산으로 가니라"(막 14:26)

겟세마네 동산에서 기도를 마치시고 십자가를 향해 나아가는 자세 역시 주저함이 없으셨습니다.

"일어나라 함께 가자 보라 나를 파는 자가 가까이 왔느니라"(막 14:42)

나에게 감당해야 할 사명이 있다면 우리보다 앞서 온전히 멍에를 지신 그리스도를 바라보아야 합니다. 사명의 멍에는 내 일이 아니라 하나님의 일입니다. 어차피 져야 하는 것이라면 주님과 같이 기꺼이 감당하십시오. 지체하지 마십시오. 속히 순종하는 만큼 사명의 짐은 가벼워지고, 기쁨의 축제를 누릴 수 있게 됩니다.

저에게는 '설교'라는 큰 멍에가 있습니다. 주일설교의 멍에를 져야 할 때, 월요일부터 묵상과 기도로 준비해서 글의 뼈대를 갖춰 놓으면, 한 주간의 사역은 설교의 예화가 되고 자료를 제공해 주는 축제의 삶이 됩니다. 반면 미리 준비하지 않으면 설교라는 멍에에 짓눌려 한 주 내내 무겁고 힘든 것은 물론 모든 일이 피곤하게 느껴집니다.

이것이 어디 설교자에게만 해당되겠습니까? 마땅히 져야 하는 멍에라면 머뭇거리지 마십시오. 미루지도 마십시오. 미룰수록 유혹이 커지고, 시험이 많아져서 얽매임이 가중될 뿐입니다. 오히려 찬송하며 담대하게 멍에를 지십시오. 기쁘고 즐겁게 신속히 십자가를 지십시오. 그러면 주께서 대신 저주시는 신비를 경험하게 될 것입니다.

"사람이 감당할 시험 밖에는 너희가 당한 것이 없나니 오직 하나님은 미쁘사 너희가 감당하지 못할 시험 당함을 허락하지 아니하시고 시험 당할 즈음에 또한 피할 길을 내사 너희로 능히 감당하게 하시느니라"(고전 10:13)

막다른 길

1995년 6월 29일, 희대의 비극이었던 삼풍백화점이 무너져 내린 날입니다. 수년의 세월이 지나 이한상 (전)대표이사의 인터뷰가 일간 신문에 실렸습니다. 사고 후 이전과 어떻게 달라졌느냐는 기자의 질문에 그는 이렇게 답변했습니다.

"초등학생 때부터 집 근처 교회를 나갔지만 신앙의 사람은 아니었죠. 하나님보다 더 사랑했던 게 많았습니다. 부귀영화의 중심에 있었으니까요. 사고와 함께 호화로운 삶은 끝났습니다. 옷 한 벌, 숟가락 하나 없는 삶이 시작됐어요."

그는 감옥에서 우연찮게 성경을 읽다가 요한복음 21장 16절에서 눈을 뗄 수 없었다고 합니다.

"요한의 아들 시몬아, 네가 나를 사랑하느냐."

세 번에 걸친 예수님의 물음은 그의 가슴을 때렸습니다.

"하나님보다 더 사랑하던 모든 것들이 사라진 순간 주님이 제게도 물으셨어요. '나를 사랑하느냐?'"

그는 작은 목소리로 응답했습니다.

"네."

2002년 7월에 사고 책임자로서 실형을 마치고 출소한 뒤, 그는 하나님의 뜻을 찾기 위해 돌아다니다가 몽골에 가게 되었습니다. '이곳이다'라는 확신이 들어 선교사님들을 돕기로 자처했습니다.

그는 조심스럽게 '회복'을 언급했습니다. 사고 피해자와 가족의 아픔이 회복되고 치유되기를 기도하고 있었습니다.

"안타깝게 돌아가신 분, 다친 분들을 기억하며 많은 생명을 구원하고 치유하는 데 조금이나마 힘을 보태며 살아가겠습니다. 그것이 하나님께서 제게 주신 사명이라고 믿습니다."

하나님의 사랑은 참으로 집요합니다. 모든 것을 잃은 순간에도, 인생의 절벽 끝에서도, 사방이 막힌 감옥에서도 하나님의 추적은 멈추지 않습니다.

하나님을 피해 도망칠 곳은 이 세상 어디에도 없습니다. 회피하고 달아날수록 인생의 무거운 짐에 점점 더 짓눌릴 뿐입니다. 도망칠 생각을 내려놓고, 이제 가장 위대한 초청에 화답하십시오. 바로 지금!

"수고하고 무거운 짐 진 자들아 다 내게로 오라 내가 너희를 쉬게 하리라 나는 마음이 온유하고 겸손하니 나의 멍에를 메고 내게 배우라 그리하면 너희 마음이 쉼을 얻으리니 이는 내 멍에는 쉽고 내 짐은 가벼움이라 하시니라"(마 11:28-30)

지금이 바로 하나님이 베푸시는 구원으로의 초대, 제자로의 초대, 사명으로의 초대에 "예"하고 결단할 시간입니다.

03

믿음의 동기는 무엇입니까?

　우리가 예수 신앙을 갖게 되는 동기는 무엇일까요? 무엇을 하든 동기가 올곧아야 과정도, 방법도 바르게 되어 좋은 결실을 맺을 수 있습니다.

　기도로 예를 들어보겠습니다. 만약 달러 환율이 오른다면, 미국에 유학하는 자녀를 둔 어머니는 이런 기도를 드릴 것입니다.

　"달러 환율이 떨어지게 하소서."

　하지만 미국에 상품을 수출하는 아버지는 그와 정반대의 기도를 드릴 것입니다.

　"달러 환율이 더 올라가게 하소서."

　과연 하나님은 누구의 기도를 들어줘야 할까요? 올림픽이

나 월드컵처럼 각 나라 사람들이 자국 선수들을 응원하는 시기에 저마다 이기게 해달라고 소원을 아뢴다면 하나님이 참으로 난처하시지 않겠습니까?

이런 식의 소원은 굳이 크리스천이 아니어도 누구나 구하고 갈망하는 것들입니다. 적어도 크리스천이라고 한다면 다른 목적을 가지고 다르게 기도해야 합니다.

유학비를 보내는 크리스천 엄마는 이렇게 기도할 수 있습니다.

"하나님, 사랑하는 자녀가 경제적 어려움으로 마음까지 위축되지 않게 하시고, 오히려 검소한 삶과 자족의 비결을 배우는 귀한 기회가 되게 하소서."

수출로 이윤을 얻는 크리스천 아버지의 기도 또한 달라질 수 있습니다.

"경제의 부요함으로 행여 교만하지 않게 하시고 모든 것은 다 주의 것이오니 선한 청지기로서 바르게 선용하게 하소서."

이것이 진정한 크리스천의 기도가 되지 않겠습니까? 어느 걸 그룹 가수의 노랫말처럼 "소원을 말해봐"가 아니라 하나님의 뜻, 하나님의 소원이 이 땅에 실현되기를 구하는 것이 기도의 바른 자세이며 나아가 바른 신앙의 모습입니다.

"나라가 임하시오며 뜻이 하늘에서 이루어진 것같이 땅에

서도 이루어지이다"^(마 6:10)

신앙의 바른 동기

다시 질문합니다. 예수 신앙의 바른 동기는 무엇이어야 합니까? 동기는 원인입니다. 곧 "왜 믿게 되었는가"에 대한 답입니다. 신앙의 동기가 바르면 신앙생활도 바르게 될 수밖에 없습니다. 예수를 믿는 바른 동기는 어디에서 출발합니까? 일차적으로 인간의 한계성에 근거한다고 할 수 있습니다. 어떤 한계입니까?

먼저 생명의 한계입니다.
인간은 죽을 수밖에 없는 존재입니다. 죽음 앞에는 모든 것이 다 허무합니다.

"너는 흙이니 흙으로 돌아갈 것이니라"^(창 3:19)

예수 신앙이 아니면 결국 인생은 죽기 위해 그토록 고생하며 사는 것이 됩니다. 그러나 예수 신앙은 죽을 수밖에 없는 인생에 영생을 보장합니다. 단, 오직 예수 신앙으로만 영생을 얻는다는 성경의 전제를 믿고 확신해야 합니다.

"주께서 생명의 길을 내게 보이시리니 주의 앞에는 충만한

기쁨이 있고 주의 오른쪽에는 영원한 즐거움이 있나이다"(시 16:11)

또한 의의 한계입니다.

오늘날 많은 사람들이 거짓과 가식의 포장 속에 살아갑니다. 인간은 제아무리 바르게, 진실하게, 의롭게 살려고 해도 그렇게 할 수 없는 의의 한계가 있습니다.

미국의 사회학자이자 신학자인 토니 캄폴로는 말했습니다. "모든 인간은 죽을 때 이루지 못한 업적 때문에 후회하면서 죽지 않는다. 바르게 살지 못한 것을 후회하면서 죽는다."

어떻게 포장을 벗고 후회 없는 인생을 살 수 있습니까? 예수 신앙이 해답입니다. 죄인으로 하여금 의롭다 함을 얻어 죄의식과 죄책감에서 해방시키는 것이 예수 신앙입니다. 따라서 예수 신앙을 소유한 자는 누구나 죄로부터 해방되어 자유를 누릴 수 있습니다.

"그러므로 아들이 너희를 자유롭게 하면 너희가 참으로 자유로우리라"(요 8:36)

그리고 능력의 한계입니다.

누구나 철없는 시절엔 무엇이든 할 수 있다며 자신만만합니다. 하지만 나이가 들어가고, 인생을 겪어보면 할 수 있는 것보다 할 수 없는 것이 훨씬 더 많다는 것을 깨닫게 됩니다. 아니, 솔직히 할 수 있는 것이 거의 없습니다.

능력의 한계를 인식하는 순간이 철드는 시점입니다. 일반적으로 여성이 일찍 철든다고 합니다. 달리 말하면 그만큼 한계를 빨리 인식한다는 뜻입니다.

여성들은 자녀를 낳고 키우는 과정 속에 많은 한계를 느낍니다. 특히 결혼 후 너무나 달라지는 남편으로 인해 절대 한계를 경험합니다. 반면 남성은 결혼과 더불어 아내라는 조력자가 삶에 더해지니 오히려 철들기가 어렵습니다. 나이 오십 줄에 접어들어 직장에서 퇴출 위기를 겪을 때쯤에야 한계를 직면합니다.

이 같은 능력의 한계 지점에 다다를 때 진실하게 예수 신앙을 찾게 되는 것입니다. 연약함으로 인해 가난한 마음을 가지면 예수 신앙으로 나아갈 수 있습니다. 곧 하나님께 플러그 인(plug in)되어 그분으로부터 오는 자유와 지혜, 능력을 알게 되고 경험하는 것입니다.

우리가 예수 신앙을 갖게 된 동기는 무엇입니까? 인간의 한계성을 절감했습니까? 그로 인해 자신을 성찰하게 되고, 어떻게 살 것인가를 고민한 적이 있습니까?

죄악으로 점철된 과거를 청산하고 새롭게 거듭나기를 원한다면, 당장의 필요나 욕구로 가득한 인간적 소원이 아니라 하늘의 소리에 귀기울이고 영원한 것에 시선을 고정하십시오. 그리고 하나님의 생명, 하나님의 의, 하나님의 능력을 사모하십시오. 이것이 바로 예수 신앙의 순전한 동기가 됩니다.

유일한 해답

세상에는 인생 성공의 비결, 일류대학 가는 법, 사업 투자 잘하는 법, 젊게 사는 건강 비결 등 잘 살기 위한 비법들이 즐비합니다. 그러나 예수 신앙은 잘 사는 노하우가 아니라 인생에 대한 본질적인 해답입니다. 인간의 한계로 인해 발생하는 질문인 '어떻게 살아야 하는가?', '어떻게 참된 자유와 구원을 얻는가?'에 대한 해답인 것입니다.

일찍이 사도 바울 역시 인간 한계성 앞에 죽을 만큼의 심각한 고민과 탄식을 쏟아 놓았습니다.

"오호라 나는 곤고한 사람이로다 이 사망의 몸에서 누가 나를 건져내랴"(롬 7:24)

"오호라!" 이는 죽음을 직면한 탄식이지만, 역설적으로 '생명으로 나아가는 탄식'입니다. 처절한 절망의 탄식이 영원한 희망을 향한 첫 단추가 되는 것입니다. 인간의 한계성에 대한 유일한 해답, 그것은 오직 '예수'입니다. 그렇다면 예수 신앙을 통해 구체적으로 어떤 한계를 넘어설 수 있습니까?

죄의 한계를 넘어섭니다.

"그러므로 이제 그리스도 예수 안에 있는 자에게는 결코 정죄함이 없나니 이는 그리스도 예수 안에 있는 생명의 성령의 법이 죄와 사망의 법에서 너를 해방하였음이라"(롬 8:1-2)

육체의 한계를 넘어섭니다.

"육신을 따르지 않고 그 영을 따라 행하는 우리에게 율법의 요구가 이루어지게 하려 하심이니라"(롬 8:4)

죽음의 한계를 넘어섭니다.

"예수를 죽은 자 가운데서 살리신 이의 영이 너희 안에 거하시면 그리스도 예수를 죽은 자 가운데서 살리신 이가 너희 안에 거하시는 그의 영으로 말미암아 너희 죽을 몸도 살리시리라"(롬 8:11)

연약함의 한계를 넘어섭니다.

"이와 같이 성령도 우리의 연약함을 도우시나니 우리는 마땅히 기도할 바를 알지 못하나 오직 성령이 말할 수 없는 탄식으로 우리를 위하여 친히 간구하시느니라"(롬 8:26)

불행의 한계를 넘어섭니다.
"우리가 알거니와 하나님을 사랑하는 자 곧 그의 뜻대로 부르심을 입은 자들에게는 모든 것이 합력하여 선을 이루느니라"(롬 8:28)

죄책감의 한계를 넘어섭니다.
"누가 정죄하리요 죽으실 뿐 아니라 다시 살아나신 이는 그리스도 예수시니 그는 하나님 우편에 계신 자요 우리를 위하여 간구하시는 자시니라"(롬 8:34)

고난의 한계를 넘어섭니다.
"누가 우리를 그리스도의 사랑에서 끊으리요 환난이나 곤고나 박해나 기근이나 적신이나 위험이나 칼이랴"(롬 8:35)

그야말로 예수 신앙으로 우리는 모든 한계를 '넉넉히' 이기게 되는 것입니다.

"그러나 이 모든 일에 우리를 사랑하시는 이로 말미암아 우

리가 넉넉히 이기느니라 내가 확신하노니 사망이나 생명이나
천사들이나 권세자들이나 현재 일이나 장래 일이나 능력이나
높음이나 깊음이나 다른 어떤 피조물이라도 우리를 우리 주
그리스도 예수 안에 있는 하나님의 사랑에서 끊을 수 없으리
라"(롬 8:37-39)

비교할 수 없는 신앙

예수 신앙은 우리가 한계를 넘어 구원을 경험하게 합니다.
예수 신앙은 생명입니다. 예수 신앙은 변화이고, 새 역사의 창
조이고, 하나님 나라의 임재입니다. 예수 신앙은 타종교와 비
교할 수 없습니다. 왜 비교할 수 없습니까?

첫째, 신앙의 대상이 다릅니다.

인간에 의해 만들어진 신이 아닌 자신을 인간에게 계시하
시는 여호와 창조주 하나님을 믿습니다.

"하나님이 모세에게 이르시되 나는 스스로 있는 자이니라
또 이르시되 너는 이스라엘 자손에게 이같이 이르기를 스스
로 있는 자가 나를 너희에게 보내셨다 하라"(출 3:14)

둘째, 신앙의 목적이 다릅니다.

신을 통해 나의 소원을 성취하는 것이 아니라 하나님의 뜻을 실현하기 위해 내 삶을 변화시켜 갑니다.

"그를 향하여 우리가 가진 바 담대함이 이것이니 그의 뜻대로 무엇을 구하면 들으심이라"(요일 5:14)

셋째, 신앙의 방법이 다릅니다.

도를 닦는 구도로 신을 찾아가는 것이 아니라 하나님 자신의 계시로 만날 수 있습니다. 오직 은혜로, 오직 믿음으로, 오직 성경으로 계시된 주님을 만나고 알아 가는 것입니다.

"너희는 그 은혜에 의하여 믿음으로 말미암아 구원을 받았으니 이것은 너희에게서 난 것이 아니요 하나님의 선물이라"
(엡 2:8)

넷째, 신앙의 과정이 다릅니다.

신에게 종속되고 법칙에 매이는 것이 아니라 하나님을 아는 진리로 세상 모든 것으로부터 자유를 누립니다.

"진리를 알지니 진리가 너희를 자유롭게 하리라"(요 8:32)

다섯째, 신앙의 결과가 다릅니다.

신에 대한 복종으로 구원을 이루는 것이 아니라 언약에 의해 구원을 받고 그 응답으로 순종의 삶을 삽니다.

"하나님이 세상을 이처럼 사랑하사 독생자를 주셨으니 이는 그를 믿는 자마다 멸망하지 않고 영생을 얻게 하려 하심이라"(요 3:16-17)

그 청년 바보 의사

『그 청년 바보 의사』라는 책으로 세상에 소개된 고(故) 안수현 씨의 이야기입니다.

그의 환자 중에 백혈병으로 항암 치료를 받는 김은진(9세)이라는 여자아이가 있었습니다. 그 아이는 정성어린 치료로 경과가 좋아져서 퇴원하게 되었습니다. 은진이를 퇴원시키면서 병상 기록을 보다가 그의 눈에 들어온 숫자가 있었습니다.

'921031, 어! 은진이 생일이 10월 31일, 오늘이 10월 26일이니까 며칠 안 남았다.'

다음날 수현 씨는 직접 아동의류 매장을 찾아 예쁜 모자를 샀습니다. 그리고 입원차트에 적혀 있는 경기도 군포 주소지로 은진이 집을 찾아 나섰습니다. 지하 단칸방에서 그를 맞아준 은진이 어머니는 무척이나 고마워하셨습니다.

그가 은진이 어머니와 나눈 이야기는 두 가지였습니다. 자신에게도 어려운 시기가 있었지만 하나님의 선하신 인도로 오늘이 있었다는 것, 그리고 그 하나님께서 은진이를 사랑하시며 그 앞길을 책임지신다는 것이었습니다.

그러다가 그는 깨달았습니다.

"아, 그랬구나! 이 말을 전하기 위해, 당신의 사랑을 전하기 위해 나를 여기에 오게 하셨구나."

다행히 그가 준비한 모자는 은진이에게 잘 어울렸습니다. 보이지 않을 때까지 손을 흔드는 모녀를 뒤로하고 집으로 돌아온 뒤, 그는 그날의 기록을 이렇게 적었습니다.

"무언가 주고 온 것 같은데 도리어 내 마음은 한아름 받아들고 나온 기분이다. 나의 작은 걸음이 아홉 살 백혈병 아이에게 복음과 사랑의 기억으로 남기를 기도한다."

잘 알다시피 인턴 의사 기간은 주어진 일만 감당하기에도 벅찬 시기입니다. 그래서 이 책의 편집자가 붙인 제목이 '그 청년 바보 의사'입니다. 바보 의사! 순간 오버랩 되는 얼굴이 있지 않습니까? 그 청년 바보 예수!

바보처럼 살던 청년 의사는 그야말로 예수님처럼 서른세 살 젊은 나이에 홀연히 세상을 떠났습니다. 그 청년 바보 의사 안수현, 캄캄한 밤하늘의 별처럼 너와 나 우리 가운데 예수 임마누엘 은혜의 빛으로 기억될 것입니다. 문득 시 한 편이 떠오릅니다.

그리스도의 사랑, 너를 둘러싸네
그리스도의 빛, 너를 이끄시네
그리스도의 평화, 너를 채우시네
그리스도의 기쁨, 너를 설레게 하네
그리스도께서 친히 너와 항상 함께 하시네.

The love of Christ surround you
The light of Christ lead you
The peace of Christ fill you
The joy of Christ thrill you
The presence of Christ be with you always.

– James Dillet Freeman의 'Prayer for Protection' 중에서

이처럼 예수 신앙은 자신의 유익보다 하나님의 뜻을 이뤄가며 살아가게 합니다. 예수 신앙으로 인하여 세상에 하나님

의 사랑을, 하나님의 빛을, 하나님의 평화를, 하나님의 기쁨
을, 하나님의 나라를 이루어 가며 사는 것입니다.

그렇다면 당신은 예수 신앙인입니까?

그 믿음의 동기는 무엇입니까?

04

믿음의 목적은 무엇입니까?

오랫동안 신앙생활을 한 중년 여성이 오랜만에 친구들을 만났습니다. 친구들은 명문 대학 출신일 뿐만 아니라 크리스천이었습니다. 누가 보더라도 부러울 만큼 세상 조건을 갖춘 '성공한 사람들'이었습니다. 더구나 교회에서는 집사요, 권사의 직분을 가졌습니다.

그들의 만남 속에 어떤 대화가 오고갔을까요? 여느 주부들이 그렇듯 그들의 대화도 자녀, 경제력(돈), 남편의 능력이 주된 관심사였습니다. 누구보다 부족함 없이 모든 것을 갖춘 것처럼 보이는데도 남보다 더 갖지 못한 것에 대한 불평과 불만으로 가득했습니다.

신앙인 친구들과의 만남에 설레었던 그녀는, 더 소유하지 못한 것에 고민하며 아파하는 친구들을 공감하지 못한 채 슬픈 마음으로 자리를 떠나야 했습니다. 그녀는 탄식어린 어투로 이렇게 말합니다.

"목사님, 어떡하면 좋아요. 크리스천의 가치관이 세상 사람들과 다를 바 없어요. 친구들이 교회를 안 다니면 전도라도 할 텐데. 모두 교회를 잘 다니는 신앙인이라 어떻게 할 수도 없고…."

저는 딱히 뭐라고 해줄 말이 없어서 속으로 이런 생각을 삼켜야 했습니다.

'우리 교회 교인들도 다를 바 없을 겁니다. 교회에서는 의식 있는 듯, 신실한 듯 보이지만 막상 현실로 돌아가면 거의 다 비슷하겠지요.'

분량인가, 목적인가

왜 모든 것을 가져야만 행복하다고 생각할까요?

오늘날 우리가 고민하고 힘들어하는 것은 정말 없어서 그런 것이 아닙니다. 많이 가졌음에도 불구하고 비교우위와 상대평가에 스스로 매여 삽니다. 옆집 아이보다 내 아이가 더 잘나야 하고, 앞집 남편보다 내 남편이 더 많이 벌어야 하며,

옆 동네보다 우리 동네 집값이 더 비싸야 행복합니다.

이 모든 요건을 충족시킬 행복이 이 세상 어디에 있겠습니까? 사실 처해진 형편보다 마음을 더욱 가난하게 가지면 한 가지만 있어도 행복하게 됩니다. 부족함으로 인해 얻는 소중함, 없음으로 인해 누리는 자유함, 아픔을 통해 이루는 성숙함을 아십니까?

예수님은 인생 최고의 복을 이렇게 선언하셨습니다.

"복 되도다. 심령이 가난한 자여! 복 되도다. 애통하는 자여! 복 되도다. 온유한 자여! 복 되도다. 의에 주리고 목마른 자여…!"

예수님의 말씀은 너무 동떨어져 있어서 우리에게 적용하기에는 무리가 있다고 항변할지 모릅니다. 그러나 태초부터 영원까지, 어제도 오늘도 내일도 동일하신 하나님을 믿고 따르는 자라면 주님의 말씀이 오늘 우리에게 주어진 말씀임을 인정해야만 합니다.

소유의 분량을 따지는 물질주의가 신앙의 영역에 접목될 때 그것은 기복신앙의 현상으로 나타납니다. 돈 많이 벌고, 좋은 집 사고, 죽다 살아나야 축복이고 그렇지 않으면 믿음 없는 사람이요, 은혜 받지 못한 성도가 된다는 논리입니다. 그러나 그것은 성경에 근거한 기독교 신앙이 아니라 성경을 빙자

한 기독교 이단에 불과합니다.

이 같은 무서운 오류에 빠지지 않기 위해서는 분량이 아니라 목적을 알아야 합니다. 기도를 얼마나 많이 하는가 보다 어떤 목적으로 기도하느냐가 중요합니다. 예배를 얼마나 자주 드리냐 보다 어떤 마음으로 드리는가가 중요합니다. 얼마나 오랜 시간, 오랜 세월 동안 신앙생활을 했느냐 보다 신앙의 목적이 무엇인가를 바로 알아야 하는 것입니다.

오직 한 방향

예수 신앙의 목적은 무엇입니까? 부자, 성공, 출세, 명예입니까? 아니면 자아실현입니까? 그것은 '복음'이 아니라 세상 가치관이 뒤섞인 '볶음'입니다. 성경은 신앙인의 시선을 한 곳으로 집중시킵니다. 바로 예수 그리스도입니다. 예수 신앙의 목적은 그리스도 예수를 온전히 본받는 것입니다.

이를 좀 더 상세히 설명하면 다음과 같습니다.

맡겨진 직분과 직위를 통해 봉사의 일을 함으로 그리스도의 몸을 세우는 것입니다.

"그가 어떤 사람은 사도로, 어떤 사람은 선지자로, 어떤 사람은 복음 전하는 자로, 어떤 사람은 목사와 교사로 삼으셨으니

이는 성도를 온전하게 하여 봉사의 일을 하게 하며 그리스도의 몸을 세우려 하심이라"(엡 4:11-12)

아는 것과 믿는 모든 과정을 통해 그리스도의 분량에 이르는 온전한 사람이 되는 것입니다.

"우리가 다 하나님의 아들을 믿는 것과 아는 일에 하나가 되어 온전한 사람을 이루어 그리스도의 장성한 분량이 충만한 데까지 이르리니"(엡 4:13)

사랑과 진리 안에서 범사에 그리스도에게까지 자라 가는 것입니다.

"오직 사랑 안에서 참된 것을 하여 범사에 그에게까지 자랄지라 그는 머리니 곧 그리스도라"(엡 4:15)

청년 시절, 그리스도를 통한 하나님의 뜨거운 사랑을 체험한 후 저 역시 '그리스도 닮음'을 인생의 목적으로 삼았습니다. 클 '석(碩)' 해 '년(年)'의 이름자를 따라 "범사에 그에게까지 자랄지라"는 성경말씀을 인생의 요절로 정했습니다.

철없는 열정과 헌신이었음에도 불구하고 하나님은 저의 소원과 기도를 들어주셔서 조금씩 그리스도를 닮아 가게 하셨습니다. 감히 그리스도처럼 완성되었다는 것이 아니라 그분이 걸어가신 방향으로, 오직 그 방향으로 나아갈 수 있게 된 은혜의 고백입니다. 그 언젠가 사도 바울처럼 담대히 말할 수 있는 날이 오기를 간절히 소망하며 기도합니다.

"내가 그리스도를 본받는 자가 된 것 같이 너희는 나를 본받는 자가 되라"(고전 11:1)

신앙의 목적이 바뀌면 당연히 기도의 목적과 내용도 바뀌게 됩니다. 기도는 상황을 변화시키기도 하지만, 무엇보다 나 자신을 변화시켜 가기 때문입니다. 하나님은 기도하는 우리를 그리스도를 닮은 존재로 변화시키시고 그리스도를 닮은 자는 성령의 능력으로 상황을 변화시킬 수 있습니다.

당신의 기도 내용은 무엇입니까? 그 내용이 기도의 목적을 드러내며, 그것은 곧 신앙의 목적을 가리키고 있음을 알아야 합니다.

그리스도를 본받아

그렇다면 그리스도를 본받는 것은 어떤 모습으로 나타납니까? 우리는 그리스도의 무엇을 닮아 가야 합니까? 복음서를 통해 나타난 그리스도의 삶은 우선적으로 다섯 가지의 모범을 제시합니다.

첫째, 그리스도의 삶의 기초인 '사귐'을 닮아 가야 합니다.

그리스도의 삶은 언제나 하나님과의 관계가 우선이었습니다. 분주한 사역과 수많은 대중의 요청 속에서도 예수님은 먼저 기도로, 예배로 하나님과 깊은 사귐을 나누셨습니다. 즉 예수님의 사역은 아버지 하나님과의 사귐으로 시작했고, 사귐으로 이어 갔으며, 사귐으로 완성되었던 것입니다.

"새벽 아직도 밝기 전에 예수께서 일어나 나가 한적한 곳으로 가사 거기서 기도하시더니"(막 1:35)

둘째, 그리스도의 삶의 과업인 '선교'를 닮아 가야 합니다.

그리스도께서 세상에서 하신 일은 '사람을 살리는 일'이었습니다. 달리 말해 구원, 곧 복음 전파요 제자 양육이요 치유와 회복입니다.

"예수께서 모든 도시와 마을에 두루 다니사 그들의 회당에서 가르치시며 천국 복음을 전파하시며 모든 병과 모든 약한 것을 고치시니라"(마 9:35)

셋째, 그리스도의 삶의 태도인 '섬김'을 닮아 가야 합니다.

그리스도는 이 모든 과업을 종의 자세로 수행하셨습니다. 철저히 자기를 비워 온유와 겸손으로 섬기셨던 것입니다. 그

섬김의 자세는 제자들의 발을 씻기시는 장면에서 가장 극적으로 드러났습니다.

"내가 주와 또는 선생이 되어 너희 발을 씻었으니 너희도 서로 발을 씻어 주는 것이 옳으니라 내가 너희에게 행한 것 같이 너희도 행하게 하려 하여 본을 보였노라"(요 13:14-15)

넷째, 그리스도의 삶의 과정인 '복종'을 닮아 가야 합니다.
종의 마음으로 구원을 이루어 가는 그리스도의 사역은 자신의 뜻이 아니라 철저히 하나님 아버지의 뜻에 복종하는 것이었습니다. 십자가는 복종의 정점입니다. 그리스도는 인류 구원을 위해 대속의 재물로 십자가에 죽기까지 복종하셨습니다.

"아버지여 만일 아버지의 뜻이거든 이 잔을 내게서 옮기시옵소서 그러나 내 원대로 마시옵고 아버지의 원대로 되기를 원하나이다"(눅 22:42)

다섯째, 그리스도의 삶의 완성인 '연합'을 닮아 가야 합니다.
그리스도는 십자가에 달려 죽으시고 부활하신 후 이 땅의 모든 영광을 받을 수 있었음에도 홀연 승천하여 성령께 모든 일을 위임하셨습니다. 또한 의심과 불신으로 뿔뿔이 흩어졌던 제자들을 충성스럽게 여겨 인류 구원의 사명을 부탁하셨습니다. 뿐만 아니라 자격 없는 우리에게 영광스런 구원 사역의 주역이 되도록 기꺼이 자신의 모든 권세를 양도하고 맡겨 주셨습니다.

"예수께서 나아와 말씀하여 이르시되 하늘과 땅의 모든 권세를 내게 주셨으니 그러므로 너희는 가서 모든 민족을 제자로 삼아 아버지와 아들과 성령의 이름으로 세례를 베풀고 내가 너희에게 분부한 모든 것을 가르쳐 지키게 하라 볼지어다 내가 세상 끝날까지 너희와 항상 함께 있으리라"(마 28:18-20)

이는 하나님 아버지와 그 아들 예수께서 하나 됨 같이 우리도 서로 하나가 되어 하나님의 구원을 온 세상에 이루시려는 것입니다. 주님은 머리가 되셔서 우리 각 사람을 한 몸의 지체로 부르셨습니다. 따라서 성도의 삶은 독주가 아니라 합주로 연주되어 하나님의 장엄한 구원 노래를 세상에 울려 퍼지게 하는 것입니다.

"아버지여, 아버지께서 내 안에, 내가 아버지 안에 있는 것 같이 그들도 다 하나가 되어 우리 안에 있게 하사 세상으로 아버지께서 나를 보내신 것을 믿게 하옵소서"(요 17:21)

당신은 그리스도의 모범을 따르고 있습니까? 하나님과의 사귐을 삶의 기초로 삼고 있습니까? 선교를 삶의 과업으로 이루고 있습니까? 섬김의 태도로 살고 있습니까? 복종으로 자기 십자가를 지고 있습니까? 하나님의 구원이 완성되도록 믿음의 공동체 안에서 연합하고 있습니까?

현재 어디까지 도달했느냐보다 그리스도를 본받는 삶의 방향에 서 있는가가 중요합니다. 방향이 바르게 설정되었다면 조금 더디더라도 반드시 목적지에 도착할 것이기 때문입니다. 그리스도의 삶의 모습, 그것이 신앙인의 최종 목적입니다.

닮음의 비결

진정 그리스도를 본받기 원하십니까? 이를 위해서는 무엇보다 그리스도처럼 낮아지는 '종의 마음'을 가져야 합니다.

"너희 안에 이 마음을 품으라 곧 그리스도 예수의 마음이니 그는 근본 하나님의 본체시나 하나님과 동등 됨을 취할 것으로 여기지 아니하시고 오히려 자기를 비워 종의 형체를 가지사 사람들과 같이 되셨고 사람의 모양으로 나타나사 자기를 낮추시고 죽기까지 복종하셨으니 곧 십자가에 죽으심이라"
(빌 2:5-8)

종의 마음이 없이는 구원도, 기도도, 성령도, 복종도 모두 포장에 불과합니다. 종의 마음이 있어야 성령의 인도를 받으며 하나님의 뜻에 순복할 수 있습니다. 종의 마음이 있어야 사람을 섬기고 구원할 수 있습니다. 그래서 우리는 늘 이렇게 간구해야 합니다.

"주여, 저에게 기꺼이 봉사하며 즐겨 섬길 수 있는 종의 마음을 주옵소서!"

종의 마음을 가지면 서운할 일도 속상할 일도 섭섭할 일도 없습니다. 오히려 조금만 대접받아도 과분하고 조금만 인정받아도 부끄럽습니다. 멸시와 천대를 받으면 당연한 것이고 그렇지 않으면 은혜요 영광이 됩니다. 종의 마음을 가지고 섬기는 그곳에 그 무엇으로도 흔들 수 없는 놀라운 평화와 자유, 행복과 구원이 임하는 것입니다.

사람들은 자신이 무시를 당한다고 여길 때 "내가 밥이냐?"고 따집니다. 알고 계십니까? 예수 그리스도는 세상의 밥으로 오셨다는 사실을 말입니다. 그리스도는 자신의 살과 피를 떡과 포도주로 내어 주시며 생명의 양식이 되셨습니다. 그리고 이제 그분을 닮고자 하는 우리에게 말씀하십니다.

"너희가 먹을 것을 주라"(눅 9:13)

이는 오늘 우리가 세상의 밥이 되어야 한다는 뜻입니다. 당신은 세상의 떡과 포도주를 구하며 배를 채우려고 하십니까? 아니면 생명의 떡과 포도주가 되어 세상을 배부르게 하는 삶을 살고자 하십니까? 우리의 도전은 "내가 너의 밥이냐?"가 아니라 "나는 너의 밥이다"라는 외침입니다. 종의 마음으로 밥상을 차릴 뿐만 아니라 스스로 밥이 되는 삶, 그것이 예수 그리스도를 본받게 되는 위대한 비결인 것입니다.

05

민음의 내용은 무엇입니까?

독일에서 목회하던 시절의 이야기입니다.

하루는 어떤 청년이 술에 취해 저를 찾아와서 이런 질문을 던졌습니다.

"목사님, 정말 하나님은 살아계십니까? 설명하려고 하지 말고 '살아계시다, 아니다'로 답변해 주세요."

그래서 제가 하나님은 분명 살아계신다고 답변하니, 그가 다시 물었습니다.

"그러면 목사님은 하나님을 본 적이 있으세요?"

"나도 눈으로 본 적은 없습니다. 그러나 매일 하나님이 나와 함께하심을 느끼고, 그분의 인도를 받고, 그분이 행하시는 일로 인하여 날마다 놀라고 있습니다."

그러자 청년이 대답했습니다.

"저도 목사님이 믿는 하나님을 믿고 싶어요. 무엇을 어떻게 믿어야 하는지 가르쳐 주세요."

저는 그에게 한 시간 정도 예수 신앙에 대해 설명해 주었습니다. 그랬더니 고맙게도 그 자리에서 예수를 그리스도로 영접하고 신앙생활을 시작하기로 결단했습니다. 그 후 그는 제가 섬기는 교회에 출석해서 신실하게 신앙생활을 하다가 한국에 돌아와 크리스천 교수가 되었습니다.

만약 누군가 당신에게 이처럼 예수 신앙에 대해 물어온다면 어떻게 대답할 것입니까? 평소 당신이 고백하고, 또 전할수 있는 예수 신앙의 내용은 무엇입니까?

최초의 신앙고백

우리는 그 기원을 복음서에서 찾아볼 수 있습니다. 어느 날 예수님께서 제자들에게 물으셨습니다.

"사람들이 인자를 누구라고 하느냐?"

제자들이 대답했습니다.

"세례 요한이나, 엘리야, 예레미야나 선지자 중의 하나라고 합니다."

"그러면 너희는 나를 누구라고 하느냐?"

바로 그때 베드로가 기독교 신앙의 핵심이 되는 고백을 합니다.

"주는 그리스도요, 살아계신 하나님의 아들입니다."

예수님은 그 고백을 흡족히 여기시며 "이는 사람이 아니라, 아버지 하나님의 계시로부터 온 것"이라고 하셨습니다. 그리고 이 신앙고백 위에 '교회'가 세워질 것이라고 말씀하셨습니다.

"너는 베드로라 내가 이 반석 위에 내 교회를 세우리라."

이어서 예수님께서는 장차 세워질 교회에 대해 두 가지를 약속하셨습니다.

첫째, 교회는 영원한 승리의 공동체가 될 것이라는 약속입니다.

"음부의 권세가 이기지 못하리라"(마 16:18)

그리스도를 살아계신 하나님의 아들로 고백하는 신앙 위에 세워진 교회는 어떤 시련, 유혹, 환난, 박해, 어둠의 세력도 능히 이겨낼 수 있다는 것입니다. 이는 그리스도께서 그러셨던 것처럼 절대 쇠하거나 무너지지 않습니다.

둘째, 영원한 권세의 공동체가 될 것이라는 약속입니다.

"내가 천국 열쇠를 네게 주리니 네가 땅에서 무엇이든지 매면 하늘에서도 매일 것이요 네가 땅에서 무엇이든지 풀면 하늘에서도 풀리리라"(마 16:19)

이렇듯 교회는 바른 신앙고백 위에 세워지고, 바로 그 고백으로 인해 자라나고, 계승되고, 영원한 권세를 누리는 것입니다.

신앙의 계승

바른 신앙생활은 바른 신앙고백에서 출발합니다. 물론 하나님은 시공간을 초월하는 우주보다 크고 영원한 분이시기에 각자 만난 하나님이 다르고 신앙고백이 다를 수밖에 없습니다.

그러나 종종 개인적 신앙고백이 기독교 역사상 왜곡되고 변질된 사이비 종교를 발생시키는 요인이 된 것도 사실입니다. 그로 인해 기독교는 예수 신앙의 신조(信條)를 정리할 필요성을 갖게 되었고, 그 결과 '사도신경(Credo)'이 탄생하게 된 것입니다.

오늘날 우리가 고백하는 사도신경은 사도들 개인의 신앙고백에서 시작해 세례 문답형 고백으로 발전하게 된 것입니다. 교회사 속에 끊임없이 발생하는 이단사설에 대항하면서 사도신경은 지속적으로 보완, 보충의 과정을 거쳐 750년 경, 공인원본(forma recepta)으로 확정되었습니다. 이후 세례받을 때만 국한하지 않고 공적인 예배에서 모든 그리스도인들이 함께 고백하며 신앙을 다짐했습니다.

그리하여 종교개혁자 마틴 루터, 존 칼빈, 존 웨슬리 등도 교회개혁의 교본으로 삼을 만큼 공인원본의 신앙고백을 소중히 여겼던 것입니다.

그리스도인으로서 어떤 신앙고백을 하고 있습니까? 예수 신앙이 당신에 의해서 바르게 고백되고, 계승되고 있습니까? 사도 바울은 바른 예수 신앙의 계승에 대해서 이렇게 강권합니다.

"그러나 우리나 혹은 하늘로부터 온 천사라도 우리가 너희에게 전한 복음 외에 다른 복음을 전하면 저주를 받을지어다" (갈 1:8)

"끝으로 형제들아 무엇에든지 참되며 무엇에든지 경건하며 무엇에든지 옳으며 무엇에든지 정결하며 무엇에든지 사랑받을 만하며 무엇에든지 칭찬 받을 만하며 무슨 덕이 있든지 무슨 기림이 있든지 이것들을 생각하라 너희는 내게 배우고

받고 듣고 본 바를 행하라 그리하면 평강의 하나님이 너희와 함께 계시리라"(빌 4:8-9)

신앙고백의 내용

사도신경은 그리스도인들의 신앙고백 이상의 중요한 의미를 갖습니다. 그것이 기독교 신앙의 내용이며 핵심이기 때문입니다. 사도신경은 성부, 성자, 성령 삼위일체로 존재하시는 하나님에 대한 정의와 이에 대한 믿음의 반응을 고백 형식으로 정리한 것입니다.

어떤 내용의 고백입니까?

첫째, 성부 하나님에 대한 고백입니다.
"나는 전능하신 아버지 하나님 천지의 창조주를 믿습니다."

먼저 전능하신 창조주 하나님의 자녀임을 고백합니다. 이는 하나님의 존재와 더불어 나의 정체성을 밝히는 대목이기도 합니다. '하나님은 전능하신 창조주 하나님이시며, 그분이 나의 아버지가 되고, 나는 그분의 자녀'라는 정체성입니다. 전능하신 창조주 하나님의 사랑받는 자녀이기에 자긍심과 자신감으로 충만하지 않을 수 없습니다.

"나의 힘이신 여호와여 내가 주를 사랑하나이다 여호와는 나의 반석이시요 나의 요새시요 나를 건지시는 이시요 나의 하나님이시요 내가 그 안에 피할 나의 바위시요 나의 방패시요 나의 구원의 뿔이시요 나의 산성이시로다 내가 찬송 받으실 여호와께 아뢰리니 내 원수들에게서 구원을 얻으리로다"
(시 18:1-3)

둘째, 성자 하나님에 대한 고백입니다.
"나는 그의 유일하신 아들, 우리 주 예수 그리스도를 믿습니다."

예수님은 다섯 가지 구속 사건으로 우리의 그리스도, 구원자가 되셨습니다.

- 탄생 - 동정녀 마리아에게서 태어나셨습니다.
- 죽음 - 본디오 빌라도에게 고난 받으시고 십자가에 못 박혀 죽으셨습니다.
- 부활 - 장사된 지 사흘 만에 다시 살아나셨습니다.
- 승천 - 하늘에 오르시어 전능하신 하나님 우편에 앉으셨습니다.
- 재림 - 살아있는 자와 죽은 자를 심판하러 오실 것입니다.

따라서 예수를 인생의 주인으로 고백하는 자는 주님의 구원 능력을 경험하게 됩니다. 불가능한 상황에서 그리스도 생명의 능력을 경험합니다. 어떠한 죄에도 불구하고 나를 대신해 죽으시는 그리스도의 용서를 경험합니다. 죽을 수밖에 없는 상황 속에서 살려 내시는 그리스도의 치유와 회복을 경험합니다. 담대히 하나님께 나아가 예배하고 기도할 수 있는 그리스도의 화해를 경험합니다. 우리의 억울함과 핍박을 심판하시는 그리스도의 승리를 경험합니다.

기억하십시오! 예수는 그리스도이십니다. 그리스도는 인생의 모든 문제를 능히 해결하는 분이십니다. 그러므로 우리는 이렇게 당당히 외칠 수 있는 것입니다.

"내가 복음을 부끄러워하지 아니하노니 이 복음은 모든 믿는 자에게 구원을 주시는 하나님의 능력이 됨이라 먼저는 유대인에게요 그리고 헬라인에게로다 복음에는 하나님의 의가 나타나서 믿음으로 믿음에 이르게 하나니 기록된 바 오직 의인은 믿음으로 말미암아 살리라 함과 같으니라"(롬 1:16-17)

셋째, 성령 하나님에 대한 고백입니다.

"나는 성령을 믿으며…."

성령은 그리스도의 영입니다. 그러므로 그리스도를 '주'로 믿고 고백하는 순간 성령께서 임하십니다. 성령은 우리가 창조주 하나님을 아버지로, 예수를 그리스도로 믿고 그에 합당한 삶을 살 수 있도록 항상 동행하십니다.

성령의 동행은 그리스도의 구속의 삶을 완성하고 지속시킵니다. 성령에 대한 믿음의 고백은 다음과 같습니다.

- 거룩한 공교회 – 교회의 머리이신 그리스도 안에서 한 몸의 지체로 모이게 하십니다.
- 성도의 교제 – 믿는 자들의 모임 안에서 예배와 성찬을 통해 그리스도의 가족이 되게 하십니다.
- 죄 사함 – 그리스도의 구속에 근거하여 날마다 회개할 때 죄를 사함받는 은혜를 경험하게 하십니다.
- 몸의 부활 – 그리스도께서 영으로만 아니라 몸으로도 다시 살아나심같이 우리도 부활을 보장받아 영과 몸을 전인적으로 강건하게 하십니다.
- 영생 – 죽음을 이기신 그리스도의 승리를 쫓아 죽음 이후에는 물론 이 땅에서부터 천국 백성의 영원한 생명을 누리게 하십니다.

때로 지상에 있는 교회의 부패와 믿음의 한계로 인해 반박하는 자들이 있습니다.

"예수님은 믿지만, 교회는 인정할 수 없다. 예수님께 기도할 수 있지만, 성도의 교제는 할 수 없다. 영원히 사는 것은 믿지만, 몸의 부활은 믿을 수 없다."

그러나 이것은 온전한 기독교 신앙이 아닙니다. 성부 하나님, 성자 예수님, 성령 하나님 중 어느 한 분도 제외되거나 제한될 수 없는 것이 기독교 신앙입니다. 당신은 바르게 신앙을 고백하고 있습니까? 당신이 고백하는 신앙의 내용은 무엇입니까?

입술의 고백이 아닌 영과 혼과 마음을 다한 진정한 고백을 드리십시오.

"하나님은 창조주 하나님이십니다! 나는 하나님 아버지의 사랑받는 자녀임을 믿습니다. 아멘."

"예수는 그리스도이십니다! 나는 예수께서 동정녀 탄생, 십자가 죽음, 부활, 승천, 재림 사건을 통하여 그리스도가 되시고, 세상 모든 문제를 해결하시는 구원자가 되심을 믿습니다. 아멘."

"성령은 임마누엘 하나님이십니다! 나는 성령으로 말미암은 거룩한 공교회, 성도의 교제, 죄 사함, 몸의 부활, 영생을 믿습니다. 아멘."

입술이 아닌 심장으로

사도신경의 마지막 단어는 '아멘'입니다. 아멘은 무슨 뜻입니까? "진실입니다. 믿습니다. 그대로 이루어질 것을 믿습니다"라는 뜻입니다.

사도신경은 하나님께 드리는 인간의 신앙고백입니다. 고백을 아멘으로 마치는 것은 '그 고백이 진실이며, 그대로 믿고, 그대로 이루어지고, 그대로 살기를 원한다'는 확신과 결단을 담은 것입니다.

사도신경을 'Credo (끄레도)'라고 하는데 이는 '믿습니다'의 라틴어 표현입니다. 여기서 'cre'는 '심장'을, 'do'는 '드린다'를 의미합니다. 곧 '내 심장을 드린다'는 말입니다. 믿음은 내 심장을 드리는 것이어야 합니다.

신앙고백은 단순히 말이 아니라 심장을 드리는 것처럼 해야 하고, 그런 각오로 '아멘'을 외쳐야 합니다. 심장을 내어드리는 우리의 결단과 믿음에 하나님의 영광이 나타납니다.

"하나님의 약속은 얼마든지 그리스도 안에서 예가 되니 그런즉 그로 말미암아 우리가 아멘 하여 하나님께 영광을 돌리게 되느니라"(고후 1:20)

매일 하나님의 영광을 보는 삶을 살고 싶습니까? 당신에게
두 가지를 제안합니다. 아침에 눈을 뜨면 이렇게 말하며 하루
를 시작하십시오.

"아, 행복한 새날입니다. 감사합니다. 십자가 사랑으로 살겠
습니다!"

그리고 '사도신경'으로 마음을 다해 신앙을 고백하십시오.

또 하루를 마감하고 잠들기 전에 고백하십시오.

"아, 은혜로 살았습니다. 감사합니다. 주의 뜻 주의 나라 이
루어지기 원합니다."

그리고 주께서 가르치신 '주기도문'으로 믿음의 삶을 고백
하십시오. 단언컨대 이렇게 고백하며 사는 인생 가운데 모든
어둠의 세력이 물러가게 될 것입니다. 성경은 선언합니다.

"음부의 권세가 이기지 못하리라!"

이렇게 심장을 드리는 신앙고백 위에 세워가는 인생과 교
회를 향해 우리 주님께서 약속하셨습니다.

"내가 천국 열쇠를 네게 주리니 네가 땅에서 무엇이든지 매
면 하늘에서도 매일 것이요 네가 땅에서 무엇이든지 풀면 하
늘에서도 풀리리라"(마 16:19)

06

믿음의 행복은 무엇입니까?

예수를 그리스도로 믿는 사람들은 어떤 상황에서도 행복할 수 있습니다. 그들은 세상이 알 수 없는 하늘의 행복을 누리며 삽니다. 그것은 소유, 성취, 성공에서 오는 것이 아니라 어제나 오늘이나 동일하게 역사하시는 그리스도로부터 오는 행복입니다.

어떤 환경에서도 누릴 수 있는 '평안', 무엇에도 매이지 않는 '자유', 그럼에도 불구하고의 '감사', 궁핍함 가운데도 누리는 '충만', 어떤 시련도 능히 이기는 '강건', 죽음도 이기는 '영생'은 오직 크리스천만이 가질 수 있는 행복입니다. 이런 크리스천의 행복을 성경은 다음과 같이 설명합니다.

"평안을 너희에게 끼치노니 곧 나의 '평안'을 너희에게 주노라 내가 너희에게 주는 것은 세상이 주는 것과 같지 아니하니라 너희는 마음에 근심하지도 말고 두려워하지도 말라" (요 12:27)

"진리를 알지니 진리가 너희를 '자유'롭게 하리라"(요 8:32)

"범사에 '감사'하라 이것이 그리스도 예수 안에서 너희를 향하신 하나님의 뜻이니라"(살전 5:18)

"나는 비천에 처할 줄도 알고 풍부에 처할 줄도 알아 모든 일 곧 배부름과 배고픔과 풍부와 궁핍에도 처할 줄 아는 '일체의 비결'을 배웠노라"(빌 4:12)

"사랑하는 자여 네 영혼이 잘됨 같이 네가 범사에 잘되고 '강건'하기를 내가 간구하노라"(요삼 1:2)

"하나님이 세상을 이처럼 사랑하사 독생자를 주셨으니 이는 그를 믿는 자마다 멸망하지 않고 '영생'을 얻게 하려 하심이라"(요 3:16)

임마누엘 행복

이 예수 믿음의 행복을 한마디로 정리하자면 '임마누엘'이라고 할 수 있습니다. 곧 언제 어디서나 우리와 동행하시는 하나님으로부터 오는 행복인 것입니다. 이 동행의 행복을 어

믿음에 대한 열 가지 질문

떻게 누릴 수 있습니까?

첫째, 거듭나야 합니다.

거듭남(born-again)은 하나님의 자녀로 다시 태어나는 사건입니다. 곧 예수가 내 모든 죄와 죽음의 문제를 해결하는 그리스도임을 믿고, 나의 주 하나님으로 영접할 때에 죄 사함을 받고 의롭다함을 얻은 하나님 자녀로 다시 태어나는 것입니다.(요 3:3) 하나님 자녀가 되면 그때부터 나에게 임하신 그리스도의 영, 성령과 함께 동행하며 삽니다. 거듭남을 통해 예수님이 내 안에 거하시므로 이제 임마누엘 동행이 시작되는 것입니다.

둘째, 임마누엘을 자각해야 합니다.

하나님의 자녀는 언제 어디서나 그리스도와 함께 합니다. 예수님이 부활하신 후 엠마오로 가는 두 제자에게 나타나셨습니다. 이미 부활하신 예수께서 그들과 동행하고 있지만 그들은 여전히 십자가의 예수를 생각하며 슬퍼하고 있었습니다(눅 24:16-17).

그들 가운데 그리스도가 계심에도 불구하고 알지 못했기에 근심하며 염려하는 것입니다. 사실 예수님이 돌아가시기 전에도 유사한 일이 있었습니다. 예수께서 제자들과 함께 배를 타고 갈릴리를 건너가실 때였습니다. 주님은 매우 고단하여 배 안에서 주무시고 계셨습니다. 그때 큰 광풍이 일어 배가 침몰하게 되었습니다. 모두 죽음의 공포와 두려움에 휩싸였습니다. 그들은 예수님을 깨우며 원망을 쏟아 놓습니다.

"예수님! 우리가 죽게 되었는데 왜 돌보지 않습니까?"

그때 주님께서 일어나 바람을 꾸짖고 명령하셨습니다.

"바다야, 잠잠하라. 고요하라."

그러자 바다가 잔잔해졌습니다. 주님은 제자들을 향해 말씀하셨습니다.

"어찌 그리 믿음이 없느냐?"

말씀인즉, 천지를 창조하신 전능자 예수께서 배 안에 계시는데 제 아무리 폭풍우가 거센들 그 배가 침몰하겠냐는 물음입니다.

오늘 우리도 똑같습니다. 임마누엘 하나님이 우리 안에 계시는데, 언제나 나와 함께 계시는데 그것을 잊어버리고 근심하고, 염려하고, 불안해 하고, 두려워합니다. 그런 우리를 향해 주께서 거듭 말씀하십니다.

"볼지어다 내가 세상 끝날까지 너희와 항상 함께 있으리라"

(마 28:20)

셋째, 일상에서 주님과 교제해야 합니다.

부활의 주님은 엠마오로 가는 두 제자와 동행하시며 일상을 함께 하셨습니다. 특히 그 주간에 있었던 십자가 사건을 다시 생각나게 하십니다. 십자가 사건이 그들의 삶 속에 어떤 의미인지 성경을 풀어주시고(눅 24:27) 또한 그들과 더불어 식사하며 축복하셨습니다(눅 24:30). 그 순간 제자들의 '눈이 밝아져' 부활의 주께서 자신들과 동행하고 계셨음을 알게 되었습니다(눅 24:31).

오늘 우리가 임마누엘의 동행을 누리려면 매일의 일상 가운데 그리스도와 만나야 합니다. 어려움을 당하거나 문제가 생겼을 때 주님을 찾는 것은 쉽습니다.

그러나 정말 중요한 것은 평범한 일상 가운데 아무 일이 일어나지 않은 순간에도 주님과 동행하는 것입니다. 일상의 사건과 시간들을 묵상하고 말씀으로 해석하고 기도로 인도함을 받을 때, 영의 눈이 밝아져 '마음이 뜨거워지는' 행복을 경험하게 될 것입니다(눅 24:32).

임마누엘의 삶

이런 임마누엘 동행의 행복을 누리려면 평소 '영성일기'를

질문하는 믿음

80

쓰는 것이 좋습니다. 매일 영성일기를 쓰면 다음과 같은 은혜를 누릴 수 있습니다.

하나, 오늘의 임마누엘 은혜를 기억하며 감사하게 된다.

둘, 후에 다시 영성일기를 읽으면서 임마누엘의 확신과 용기를 얻게 된다.

셋, 언제 어디서든 생생한 임마누엘 은혜를 간증할 수 있게 된다.

그렇다면 실제로 어떻게 작성하면 좋은지 저의 영성일기 몇몇을 소개합니다.

월요일 아버지, 고(故) 김보현 목사님의 2주기이다. 아버지 2주기 추모예배를 드리면서 참 좋은 아버지를 주신 하나님께 감사하였다. 아버지는 개척자로, 하나님 사랑·교회 사랑·나라 사랑의 사람이셨다. 이를 일평생 기도로 이어오셨다.

마지막 임종을 앞두고 아버지께서 자주 하셨던 말씀은 "미안하다! 고맙다! 사랑한다!" 이 세 마디였다.

"오 주여, 저로 하여금 아버지의 믿음의 유산인 '하나님 사랑·교회 사랑·나라 사랑'을 잘 이어받아 이 땅의 하나님 나라를 더욱 든든히 세워가게 하소서."

화요일 교회의 중요 사안을 결정해야만 한다.

"오 하나님 아버지, 사람의 감정과 생각은 드러나지 않게 하시고, 오직 주의 뜻이 무엇인지 바르게 분별하게 하시어 도리어 그리스도의 교회가 온전히 세워지고 강건해지는 합력선이 되도록 인도하소서."

수요일 아내가 치과에 가서 임플란트를 시술해야 하는 날이다. 아내가 임플란트 경험이 있는 나에게 "많이 아프냐?"고 물어본다. 나는 "예수님의 십자가를 생각하면 참을 만하다"고 했다.

그러자 아내가 하는 말이 "십자가를 생각할 만큼 그렇게 아프냐?"며 겁먹은 얼굴로 쳐다본다. 좀 더 친절하게 참을 만하다고 말해 줄 것을 괜한 말을 해서 미안한 마음이 든다.

그러면서 나 스스로에게 물어본다. "인생을 살아가노라면 내 몸에 이런저런 흔적이 남기 마련인데, 50년 이상 예수를 믿어 온 나에게 예수의 흔적이 있는가?"

사도 바울의 고백이 생각난다. "내가 내 몸에 예수의 흔적을 지니고 있노라"(갈 6:17)

"오, 주님 감사합니다. 저에게도 주님의 흔적, 그리스도의 몸인 교회 사랑의 상처가 있습니다."

목요일 교회를 오래 다닌 한 교우가 욕실에서 넘어져서 어깨가 골절되었다는 소식을 들었다. 그 소식을 듣는 순간 "믿음이 회복되고 온 가족이 주님께 나오는 생명의 기회가 되게 해주세요"라고 기도했다. 이후에 그 성도로부터 "넘어질 때 머리나 허리를 부딪치지 않고 어깨를 부딪쳐서 감사하다"는 소식이 들려왔다. 그 교우가 믿음이 있음에 감사하면서 "더욱 주님만 사랑하고 주님만 의지하는 집사님과 그 가정이 되게 해달라"고 기도하였다.

금요일 서재의 많은 책 중에 오래 전 독일에서 구입했던 테디 파커의 『매일 매일이 선물입니다!(Jeder Tag ist ein Geschenk!)』라는 시집이 눈에 들어왔다. 책장을 넘기다가 '약속(zusage)'이라는 시 한 편을 읽으면서 요즘 내 삶의 정황에 큰 지혜가 되는 말씀임을 깨닫는다.

너는 불가능한 것을 스스로 가능하게 할 필요가 없다
네 가능성을 넘어 너무 잘하려고 할 필요가 없다
그렇게 못 살았다고 속상해 할 필요가 없다

너는 모든 것을 네가 다 하려고 할 필요가 없다

기적을 이루어내려고 할 필요가 없다

그렇게 못 살았다고 부끄러워할 필요가 없다

너는 모두를 만족시켜야 하는 것도 아니다

늘 스스로 정한 기대치에 도달하는 것도 아니다

늘 네 역할을 다할 수 있는 것도 아니다

네가 항상 강해야만 되는 것은 아니다

그러나 이것만은 기억하라

너 혼자서 그 길을 가는 것이 아니다

나와 함께 너만의 길을 가면 되는 것이다.

-테디 파커의 시, 『Jeder Tag ist ein Geschenk!』 중에서

이 글을 읽으면서 다시 부활 주님의 말씀이 오버랩 되었다.

"볼지어다 내가 세상 끝날까지 너희와 항상 함께 있으리라"

(마 28:20)

이렇듯 영성일기를 쓰며 늘 주님을 인식하고, 주님과 동행

하고자 애쓸 때에 임마누엘 동행의 행복을 더 깊이 느끼며 살

아갈 수 있습니다.

오늘 우리의 문제는 '임마누엘'을 알면서도 어려운 일을 만나면 제자들처럼 금새 잊어버리고 만다는 것입니다. 설교 중에, 기도 중에, 찬양 중에 아멘하며 감격하더라도 예배당 문밖만 나서면 잊어버립니다. 그래서 스스로를 향해 자주 물어야 합니다.

"나는 지금 어디에 있는가?"

– 주님 안에 있습니다.

"나는 지금 누구와 함께 있는가?"

– 주님과 함께 있습니다.

"나는 지금 무엇을 하고 있는가?"

– 주의 일을 하고 있습니다.

이렇듯 끊임없이 주님과의 동행을 일깨우는 질문을 통해 임마누엘을 되새겨야 합니다. 특히 일상의 별것 아닌 일, 아니 오히려 너무나 평범하고 지루한 일 속에서 그리스도를 생각해야 합니다. 그때 비로소 눈이 열려 부활의 그리스도를 보게 되고 마음이 뜨거워지는 행복을 경험하게 되는 것입니다.

"그들과 함께 음식을 잡수시려고 앉으셨을 때에 예수께서 빵을 들어서 축복하시고 떼어서 그들에게 주셨다 그제서야 그들의 눈이 열려서 예수를 알아보았다 그러나 한순간에 예수께서는 그들에게서 사라지셨다 그들은 서로 말하였다 길에서 그분이 우리에게 말씀하시고 성경을 풀이하여 주실 때에 우리의 마음이 [우리 속에서] 뜨거워지지 않았습니까?"(눅 24:30-32 새번역)

07

믿음의 연합은 무엇입니까?

　신앙생활은 나 혼자의 믿음으로 유지될 수 없습니다. 성경은 각각의 거듭난 그리스도인들을 한 몸의 지체로 비유합니다. 먼저 그리스도와 연합된 지체요, 또한 그리스도인들 간에 서로 연합된 지체입니다.

　이 지체로 연합된 그리스도인 공동체가 바로 '교회'입니다. 교회는 하나님의 신비입니다. 교회는 사람이 세운 기관이나 단체, 또는 사업체가 아닙니다. 하나님께서 직접 계획하시고 세우신 '거룩한 공동체(에클레시아)'입니다.

　그래서 교회를 '그리스도의 몸', '그리스도의 충만', '그리스도의 영광'이라고 칭하는 것입니다. 만세 전에 성부 하나님께서 교회를 택정하시고, 성자 그리스도께서 그의 몸을 십자가에 내어주시어 교회를 세우셨으며, 성령께서 그의 백성들에게 임하셔서 교회를 탄생하게 하셨습니다.

우리는 교회로부터 예수 생명을 얻었습니다. 교회로부터 그리스도의 충만을 경험하고 형통을 누리게 됩니다. 교회로 인하여 이 땅에 푸르고 푸른 하나님 나라가 이루어지는 것입니다.

모든 것이 교회 안에

인생을 돌이켜 볼 때 저는 교회로 인하여 다 표현할 수 없는 큰 복을 받았습니다. 교회에서 그리스도를 만나서 하나님의 자녀가 되었습니다. 지극히 가난하고 힘든 어린 시절이었지만 교회에서 하나님의 지혜를 배웠고, 어른들의 격려와 사랑을 받으며 자신감을 갖게 되었습니다.

청소년 시절에 죽을 병에 걸려 사경을 헤맬 때에도 온 교회 가족의 기도와 후원으로 생존할 수 있었습니다. 학생회, 청년회를 거치면서 팔로워십과 리더십을 배웠습니다. 그리스도를 닮은 훌륭한 분들을 많이 만났습니다. 목사님, 전도사님, 선생님을 통해 인생의 중요한 덕목들, 온유, 겸손, 경건, 섬김, 애국 등을 자연스럽게 수양할 수 있었습니다.

말하자면 인생을 살아가는 데 필요한 모든 중요한 것들은 다 교회에서 배운 셈입니다. 뿐만 아니라 전도사와 목사로 교회를 섬기면서 아내를 만날 수 있었고, 유학도 갈 수 있었습니다.

목회를 하면서 교우들의 아픔과 고통을 같이 겪고 기도하면서 인간을 이해하게 되었고, 매주 설교를 해야 하는 사명 때문에 열심히 공부하고 글을 쓴 결과 저자와 선생의 역할도 감당하게 되었습니다.

새벽기도를 꾸준히 하면서 병약한 몸이 전인적으로 강건하게 되었습니다. 교회의 배려와 섬김, 기도로 인하여 양가 부모님들도 평안히 장수하셨고, 자녀들도 주 안에서 모두 형통하게 되었습니다. 그리하여 저는 진심으로 고백할 수 있습니다.

"모든 것이 교회 안에 다 있습니다. 교회는 그리스도의 충만입니다."

"주의 궁정에서의 한 날이 다른 곳에서의 천 날보다 나은즉 악인의 장막에 사는 것보다 내 하나님의 성전 문지기로 있는 것이 좋사오니 여호와 하나님은 해요 방패이시라 여호와께서 은혜와 영화를 주시며 정직하게 행하는 자에게 좋은 것을 아끼지 아니하실 것임이니이다"(시 84:10-11)

살아있는 교회

성경은 이상적인 교회의 모델로 예루살렘교회와 안디옥교회를 소개합니다. 그 중에서도 예루살렘교회는 어떤 교회인지 살펴봅니다.

예루살렘교회를 한마디로 정의하자면 '살아있는 교회(the living church)'라고 할 수 있습니다. 살아있는 교회는 어떤 특징을 가지고 있습니까? 바로 관계의 건강함입니다. 교회가 살아있음은 무엇보다 바른 관계로 증명됩니다.

첫째, 목회자와의 관계에는 '사도성'이 살아있습니다.
"그들이 사도의 가르침을 받아"(행 2:42)

예루살렘교회 성도들은 사도들과 바른 관계를 맺고 있었습니다. 그들은 사도들에게 잘 배우고 있었습니다. 누군가에게 배우려면 두 가지 자세가 전제되어야 합니다. 겸손해야 배울 수 있고 또한 권위를 인정해야 배울 수 있습니다. 살아있는 교회는 사도성이 존중되는 교회입니다.

둘째, 교우와의 관계에는 '관대함'이 살아있습니다.
"믿는 사람이 다 함께 있어 모든 물건을 서로 통용하고 또 재

산과 소유를 팔아 각 사람의 필요를 따라 나눠 주며"(행 2:44-45)

예루살렘교회 성도들은 서로를 관대하게 대했습니다. 관대함은 마음이 너그럽고 넉넉한 상태입니다. 그들은 자신들의 가정을 개방하여 서로 넉넉하게 나누고 돌보며 보호했습니다. 관대함은 크리스천의 매력입니다. 살아있는 교회는 관대한 돌봄과 나눔의 공동체인 것입니다.

셋째, 하나님과의 관계에는 '예배'가 살아있습니다.

"날마다 마음을 같이하여 성전에 모이기를 힘쓰고 집에서 떡을 떼며 기쁨과 순전한 마음으로 음식을 먹고 하나님을 찬미하며"(행 2:46-47)

예루살렘교회 성도들은 하나님과 바른 관계를 맺고 있었습니다. 떡을 떼고 기도하면서 경건한 마음과 기쁨으로 하나님을 예배했습니다. 살아있는 교회의 성도들은 교회에서든 가정에서든, 삶의 현장 속에서 늘 예배자로 살아갑니다.

넷째, 세상과의 관계에는 '전도'가 살아있습니다.

"주께서 구원 받는 사람을 날마다 더하게 하시니라"(행 2:47)

예루살렘교회 성도들은 좋아하는 사람들끼리 모이는 친목 모임이 아니었습니다. 도리어 교회를 대적하는 세상과도 관계를 맺고 있었습니다. 그들은 세상 속에 살면서 그리스도의 성육신을 본받아 '종의 마음'으로 전도했습니다. 살아있는 교회는 두루 다니며 전도하는 교회입니다.

예수를 주로 믿어 그 안에 성령이 거하는 자마다 누구나 성전이요, 교회입니다(고전 6:19). 그렇다면 스스로 점검해 보십시오.

"나는 과연 살아있는 교회인가?"

"무감각하게 죽어 가는 교회인가?"

"목회자와의 관계 속에 사도성이 살아있는가?"

"교우와의 관계 속에 관대함이 살아있는가?"

"하나님과의 관계 속에 예배가 살아있는가?"

"세상과의 관계 속에 전도가 살아있는가?"

이에 대한 대답이 교회로써 당신과 공동체의 생사를 가르게 될 것입니다.

교회의 중심

교회의 생명력 가운데 가장 중심이 되는 것은 예배입니다. "날마다 마음을 같이하여 성전에 모이기를 힘쓰고 집에서

떡을 떼며 기쁨과 순전한 마음으로 음식을 먹고 하나님을 찬미하며…"(행 2:46-47)

초대교회 성도는 삶의 우선순위를 예배에 두었습니다. 그들은 '날마다' 모였습니다. 또한 '마음을 같이' 하였습니다. 나아가 '모이기'를 힘썼습니다. 성도의 집에 모여 서로 말씀을 나눌 뿐만 아니라 떡을 떼는 성찬으로 주님을 기억했습니다. 기도에 힘쓰며 하나님을 찬미했습니다. 그들의 삶 가운데 예배로 말미암은 기쁨과 활기가 충만했던 것입니다.

크리스천에게 있어서 그 어떤 일, 어떤 사역보다 우선되는 것이 예배입니다. 그래서 『주님은 나의 최고봉』의 저자 오스왈드 챔버스는 이렇게 강권합니다.

"당신은 시간이 있다! 시간을 내라. 다른 관심사들을 묶어 두라. 당신 삶의 힘의 원천이 주 예수 그리스도와 그분의 속죄에 있음을 시간에게 깨우쳐 주라."

크리스천에게 예배보다 우선되는 일은 없습니다. 하나님은 무엇보다 예배 받는 것을 기뻐하십니다. 하나님을 가장 영화롭게 하는 것이 바로 예배인 것입니다.

동시에 우리는 예배를 통해 하나님의 임재를 경험합니다. 예배를 통해 죄 사함, 평안, 자유, 강건, 능력 등 임마누엘의 은혜를 얻게 됩니다. 곧 예배는 하나님께는 영광이요, 교회에는 임마누엘 은혜요, 세상에는 하나님 나라가 이루어지는 이 세상 가장 위대한 행위인 것입니다.

따라서 신앙생활은 예배에 달려 있다고 해도 과언이 아닙니다. 당신 삶의 우선순위는 무엇입니까? 크리스천이라면 이런 삶을 꿈꾸십시오.

"아침에 성전에서 예배하는 것으로 하루를 시작하리라! 낮에는 일터에서 예배하는 마음으로 하루를 살아가리라! 저녁에 가정에서 예배하는 것으로 하루를 마감하리라!"

사람들은 종종 자신들이 예배를 지킨다고 착각합니다. 그러나 도리어 예배가 우리를 지키고 있음을 알아야 합니다. 예배는 세상의 유혹으로부터, 일 중독으로부터, 무질서한 생활로부터, 무지함으로부터, 모든 악한 세력으로부터 우리를 지켜주는 하나님의 보호하심입니다. 바쁘다는 핑계로 예배를 소홀히 하는 성도들을 볼 때, 그들의 영혼 건강을 지키고 돌보는 목회자로서 이런 기도를 할 수밖에 없습니다.

"하나님! 저 성도 이제 그만 바쁘게 해주세요."

성도에게 있어 예배보다 우선할 만큼 바쁜 일은 없습니다. 예배가 생명을 공급받는 일이기 때문입니다. 예배가 살아날 때, 사도성도 관대함도 전도도 살아나서 개인적으로나 공동체적으로 살아있는 교회가 되는 것입니다.

"내가 주의 성전을 향하여 예배하며 주의 인자하심과 성실하심으로 말미암아 주의 이름에 감사하오리니 이는 주께서 주의 말씀을 주의 모든 이름보다 높게 하셨음이라"(시 138:2)

다시 시작하는 교회

하루는 교단의 지도자들이 함께하는 한 모임에 참석했습니다. 여러 당면한 사안에 대해 이야기를 나누다가 어떤 선배 목사님께서 뜬금없이 말씀하셨습니다.

"요즘같이 한국교회가 어려운 때에 서초교회가 있어 자랑스럽습니다."

곁에 있던 분들도 아낌없는 박수로 격려해 주셨습니다. 그러자 또 다른 목사님께서 저의 이름자를 넣어 덕담을 베푸셨습니다.

"김 목사님의 석(奭)자는 '큰 대(大)'자 양쪽에 '일백 백(白)'이 두 개 있으므로, 혼자서 능히 200명 이상을 감당할 수 있는 큰 사람입니다. 보통 남자(男子)는 입 구(口)자 안에 열 십(十)이 있고 밑에 힘 력(力)이 있으니 열 사람의 입을 감당할 능력 있는 자를 일컫는데, 김 목사님은 200명을 능히 감당할 재목이니 그런 사람이 드물지 않습니까?"

지혜의 덕담에 모두 박장대소를 하며 웃었습니다.

솔직히 저라는 사람은 200명은커녕 제 몸 하나 제대로 간수할 능력 없는 병약한 사람입니다. 이런 연약한 사람이 섬기는 교회가 왜 그리 과분한 칭찬과 기대를 받는 것입니까? 이는 교회를 통해 조금이라도 '그리스도의 영광'을 드러내고자 했기 때문입니다. 세상의 큰 것, 좋은 것, 잘 나가는 것을 구하기보다 오직 예수 십자가 정신을 붙잡았기 때문입니다.

우리의 자부심은 있는 것이 아니라 '없는 것'입니다. 교회에 승합차가 없습니다. 교회에 담이 없습니다. 강단에 의자가 없습니다. 교회 재정이 남아본 적이 없습니다. 헌금 명단을 부르는 시간이 없습니다. 물론 이 같은 사실이 자랑거리는 아닙니다. 교회 본질을 추구하려는 작은 노력의 상징일 뿐입니다.

얼마 전, 종교개혁 500주년을 앞두고 교계 인사들과 성도들이 모여 한국교회 개혁을 위한 8가지 실천 과제를 발표했다고 합니다. "개교회주의를 극복할 것, 교회 선거를 깨끗하게 치를 것, 삶의 전 영역에서 기독교적인 가치를 실천할 것, 한국 사회를 위해 노력할 것, 세계의 화해와 평화와 하나 됨을 실현하기 위해 최선을 다할 것" 등입니다. 그 결의가 부디 말뿐 아니라 행동으로 나타나 세상 속에 그리스도의 뜻을 바르게 구현할 수 있기를 바랍니다.

　이제 우리는 다시 살아나야 합니다. 교회는 어떤 명분으로도 본질이 위축되거나 상실되지 말아야 합니다. 본질은 바른 관계입니다. 목회자와의 관계에 사도성이 살아나야 합니다. 교우와의 관계에 관대함이 살아나야 합니다. 하나님과의 관계에 예배가 살아나야 합니다. 세상과의 관계에 전도가 살아나야 합니다. 그리할 때 만물을 충만하게 하시는 그리스도의 충만이 교회 가운데 가득하게 될 것입니다.

　"교회는 그의 몸이니 만물 안에서 만물을 충만하게 하시는 이의 충만함이니라"(엡 1:23)

08

믿음의 훈련은 무엇입니까?

러시아의 대문호 레프 톨스토이는 사람을 가리켜 '사랑으로 사는 존재'라고 했습니다. 그렇다면 당신은 무엇으로 사십니까? 크리스천은 무엇으로 살아야 합니까? 바로 믿음입니다. 무엇보다 크리스천은 '믿음으로 사는 자'입니다(롬 1:17). 그런데 이 믿음은 저절로 생기는 것이 아닙니다.

먼저 복음을 통해 성령께서 주십니다.

"복음에는 하나님의 의가 나타나서 믿음으로 믿음에 이르게 하나니 기록된 바 오직 의인은 믿음으로 말미암아 살리라 함과 같으니라"(롬 1:17)

그 다음은 우리의 훈련을 통해서 자라가고 성숙해 갑니다.

"사람이 마음으로 믿어 의에 이르고 입으로 시인하여 구원

에 이르느니라"(롬 10:10)

성령께서 우리에게 구원을 확신하는 믿음을 주신다면 훈련은 믿음의 삶을 지속시킵니다. 그렇다면 '입으로 시인'하여 날마다 구원의 삶을 살게 하는 훈련은 무엇입니까? 그것은 훈련을 넘어 주님께서 우리에게 주신 훈련이자 특권인 '기도'입니다.

말씀과 더불어 기도는 믿음을 세워 가는 기초가 됩니다. 말씀이 믿음의 기반이라면 기도는 믿음의 동력입니다. 말씀이 믿음을 불러일으킨다면 기도는 믿음을 이끌어 갑니다. 말씀이 믿음의 시작이라면 기도는 믿음의 과정이요, 실현입니다.

아무리 말씀을 듣고 믿음이 생겼다고 할지라도 기도하지 않으면 그 믿음은 산 믿음, 역사하는 믿음이 될 수 없습니다. 기도하지 않고서는 놀라운 예수 신앙의 행복, 예수 임마누엘의 은혜를 누릴 수 없습니다. 기도하지 않으면 아무리 큰 믿음의 사람일지라도 금세 믿음이 사그라져서 불안, 의심, 낙심에 빠지게 됩니다. 기도가 끊어지면 어느새 형식적인 종교인이 되어 판단하고 정죄하며 거짓과 위선에 빠지고 마는 것입니다.

기도의 연줄

기도는 마치 연에 달린 줄과 같습니다. 기도의 줄을 계속 잡아당기면 성령의 바람이 불어와 연줄이 팽팽해져서 하늘 높이 독수리가 날듯 멋지게 날아오릅니다(사 40:31). 하지만 연줄이 끊기면 어떻게 될까요? 방향 없이 어디론가 날아다니다 결국 땅바닥에 곤두박질치고 말 것입니다.

마찬가지로 기도의 연줄이 끊어지면 크리스천은 세상 바닥으로 추락해 처참한 삶을 살게 됩니다. 사단은 크리스천을 향해 끊임없이 속삭입니다.

"크리스천이여, 무엇이든지 하라. 우리가 적극 도와주리라. 그러나 한 가지만 하지 마라. 기도만 하지 마라."

당신의 기도 줄은 튼튼합니까? 혹시 거의 끊어진 상태는 아닙니까? 하나님은 우리를 향해 깨어서 기도의 줄을 당기라고 하십니다.

"시험에 들지 않게 깨어 기도하라"(마 26:41)

"기도를 계속하고 기도에 감사함으로 깨어 있으라"(골 4:2)

"아무 것도 염려하지 말고 다만 모든 일에 기도와 간구로, 너희 구할 것을 감사함으로 하나님께 아뢰라 그리하면 모든 지각에 뛰어난 하나님의 평강이 그리스도 예수 안에서 너희 마음과 생각을 지키시리라"(빌 4:6-7)

고독한 기도 훈련

하나님께 쓰임 받은 믿음의 사람들은 하나같이 모두 기도를 훈련한 자들입니다. 그 중에서도 대표적인 한 사람을 꼽자면 느헤미야를 들 수 있습니다. 느헤미야는 페르시아에 포로로 잡혀온 유대인 후손입니다. 그의 민족은 바벨론과 페르시아 제국에서 억압을 받으며 살아야 했습니다. 그 힘든 시기에 느헤미야는 페르시아 왕의 최측근으로 술 맡은 대신의 자리까지 오른 소위 성공한 사람이었습니다.

그러던 어느 날, 그의 동생 하나니가 느헤미야를 찾아옵니다. 동생은 고국 이스라엘을 방문하고 왔다면서 비참한 조국의 현실을 이야기합니다. 예루살렘 성은 허물어졌고, 성문은 불타버렸습니다. 느헤미야는 이스라엘의 처참한 현실을 듣고 하나님께 나아갑니다.

"내가 이 말을 듣고 앉아서 울고 수일 동안 슬퍼하며 하늘의 하나님 앞에 금식하며 기도하여"(느 1:4)

그는 마음을 다하고 뜻을 다하고 목숨을 다해 기도했습니다. 심지어 4개월 동안 자신의 생명을 걸고 기도했습니다(느 1:1 기슬르월 12월, 2:1 니산월 4월). 민족의 참담함을 듣고 오랜 기간 기도의 줄을 당긴 것입니다.

사람들을 피해 고독하게 몸부림치며 기도의 줄을 당기는 느헤미야를 상상해 보십시오. 겟세마네 동산에 엎드리신 예수님의 모습이 겹쳐지지 않습니까? 예수님은 십자가에 달린 그 고통의 순간까지 기도의 연줄을 놓지 않고 당기셨습니다.

"아버지 저들을 사하여 주옵소서 자기들이 하는 것을 알지 못함이니이다"(눅 23:34)

십자가 예수의 그 고독한 기도 줄로 인해 인류가 죄 사함을 받고 생명을 얻게 된 것처럼, 고독함 속에서 애타게 잡아당긴 느헤미야의 기도 줄 덕분에 이스라엘 민족은 다시 세움을 받고 회복될 수 있었습니다.

오늘, 이 민족 이 백성이 패역함에도 불구하고 망하지 않고 건재한 것은 무엇 때문입니까? 누군가 느헤미야처럼 예수처럼 고독하게 기도의 줄을 당기고 있는 까닭이 아니겠습니까?

기도의 회복

그렇다면 우리가 훈련할 기도의 내용은 무엇입니까? 이 역시 느헤미야의 기도를 통해 배울 수 있습니다.

그는 신실하신 긍휼의 하나님에 대한 고백(느 2:5), 나와 아버지 집의 범죄에 대한 자백(느 2:6-7), 언약대로 행하시는 하나님에 대한 신뢰(느 2:8-9), 은혜의 하나님에 대한 고백(느 2:10-11)으로 기도했습니다.

느헤미야는 결코 조급하게 상황을 변화시키는 기도응답을 구하지 않았습니다. 그보다는 먼저 하나님과의 '관계 회복'을 구했습니다. 기도에 있어 응답보다 더 중요한 것이 있습니다. 그것은 하나님과의 바른 관계입니다. 아무리 열심히 구해도 관계가 잘못되어 있으면 응답을 기대할 수 없습니다. 기도는 주문이 아니라 친밀한 관계 속에 이뤄지는 대화이기 때문입니다.

하나님이 원하시는 것은 우리가 당하는 어려운 일, 고통스러운 사건을 통해서라도 하나님과의 바른 관계로 돌아오는 것입니다. 하나님과의 바른 관계 회복을 위해 다음과 같이 기도를 훈련하십시오.

첫째, 관계를 회복하십시오.
거듭 강조하지만 기도는 주문이 아니라 대화입니다. 따라서 관계가 회복되지 않으면 아무리 기도해도 별의미가 없습니다. 조급해 하지 말고 관계에 집중하십시오. 열심보다, 응답보다 우선되는 것이 관계입니다.

"여호와의 손이 짧아 구원하지 못하심도 아니요 귀가 둔하여 듣지 못하심도 아니라 오직 너희 죄악이 너희와 너희 하나님 사이를 갈라 놓았고 너희 죄가 그의 얼굴을 가리어서 너희에게서 듣지 않으시게 함이니라"(사 59:1-2, 약 4:3)

느헤미야의 기도 속에 반복되는 호칭이 있습니다. 바로 "하늘의 하나님(느 1:4-5, 2:4)"입니다. 이는 우주를 창조하시고 역사를 다스리시는 하나님을 갈망하는 부름입니다. 느헤미야가 4개월여 동안 기도하면서 하늘의 하나님과 친밀해지니, 그가 말하기도 전에 그 마음속을 아시는 하나님께서 이미 왕의 마음을 다 바꾸어 놓으셨습니다.

당시 신적 존재였던 왕 앞에서 신하가 얼굴을 찌푸리면 그것은 당장 엄벌에 처할 일이지만, 하나님께서 이미 왕의 마음을 바꾸어 길을 열게 하신 것입니다(느 2:2-6).

둘째, 친밀하게 나아가십시오.
멀리에서 하나님을 찾지 말고, 곁에 계신 하나님께 친밀하게 기도하십시오. 묵상과 찬송, 예배로 하나님 아버지를 더 알아 가십시오. 지금 자신이 '어디에 있는지, 누구와 있는지, 무엇을 하고 있는지'를 끊임없이 확인하십시오.

그리하여 임마누엘 주께서 함께하심에 감사하고 행복해 하십시오. 십자가 사랑을 묵상하십시오. 그 십자가 사랑에 감격하십시오. 더 친밀하게 사랑을 고백하고 찬송하십시오. 하나님과의 친밀한 사귐 속에 하늘 아버지의 뜻이 이 땅, 나의 삶 속에 이뤄지는 것을 보게 될 것입니다.

"내가 너보다 앞서 가서 험한 곳을 평탄하게 하며 놋문을 쳐서 부수며 쇠빗장을 꺾고 네게 흑암 중의 보화와 은밀한 곳에 숨은 재물을 주어 네 이름을 부르는 자가 나 여호와 이스라엘의 하나님인 줄을 네가 알게 하리라"(사 45:2-3)

느헤미야는 하나님께서 왕의 마음을 움직이신 것을 확신했습니다. 그러자 더 이상 두려워하지 않고 왕에게 담대히 구합니다. 자신이 이스라엘에 갈 수 있도록 조서를 요청한 것입니다.

"내가 또 왕에게 아뢰되 왕이 만일 좋게 여기시거든 강 서쪽 총독들에게 내리시는 조서를 내게 주사 그들이 나를 용납하여 유다에 들어가기까지 통과하게 하시고 또 왕의 삼림 감독 아삽에게 조서를 내리사 그가 성전에 속한 영문의 문과 성곽과 내가 들어갈 집을 위하여 들보로 쓸 재목을 내게 주게 하옵소서 하매 내 하나님의 선한 손이 나를 도우시므로

왕이 허락하고"(느 2:7-8)

조서는 왕의 칙령이기에 백성이라면 누구든 그대로 따라야 합니다. 따르지 않으면 왕에 대한 거역으로 죽임을 당할 것입니다. 그야말로 조서는 왕의 권세입니다. 그런데 놀랍게 우리 믿는 자에게 하나님께서 이 조서를 주셨습니다. 다름 아닌 '예수의 이름으로 기도하는 권세'입니다.

셋째, 예수의 이름으로 구하십시오.

물론 예수의 이름으로 기도하는 것은 예수 이름에 합당하게 사는 것을 전제로 합니다. 하나님의 자녀답게 거룩하게 성결하게 신실하게 사는 것입니다. 하나님 앞에 부끄럼 없이 사는 것입니다. 그러면 당당히 예수 이름으로 구할 수 있습니다. 예수의 이름에는 세상 그 어느 왕과도 비교할 수 없는 놀라운 권세가 있습니다. 그러니 예수님이 하신 약속을 굳게 붙들고 아버지 하나님께 나아가십시오.

"내가 진실로 진실로 너희에게 이르노니 나를 믿는 자는 내가 하는 일을 그도 할 것이요 또한 그보다 큰 일도 하리니 이는 내가 아버지께로 감이라 너희가 내 이름으로 무엇을 구하든지 내가 행하리니 이는 아버지로 하여금 아들로 말미암아 영광을 받으시게 하려 함이라 내 이름으로 무엇이든지 내게

구하면 내가 행하리라"(요 14:12-14)

기도의 은혜

기도 훈련의 핵심은 하나님과의 친밀함입니다. 하나님과 친밀한 사귐이 회복되면 하나님은 때마다 일마다 최상의 은혜를 베푸십니다.

저의 장모님인 고(故) 오일선 권사님의 일화입니다.

안타깝게도 오 권사님은 교회 화장실 계단을 내려가다가 넘어진 이후 건강이 급격이 쇠약해지셨습니다. 몇 달 동안 시름시름 앓으시면서 오직 천국을 소망하셨습니다.

미국 집회 차 먼 길을 떠나기 전 날, 아내와 찾아뵈니 문득 귀국하기 전에 돌아가실지 모른다는 생각이 들었습니다.

"어머니, 제가 두 주간 미국 집회를 갑니다. 담임목사가 예수 이름으로 명하는데, 제가 돌아올 때까지는 천국 가시면 안 됩니다. 아셨죠?"

권사님은 고개를 끄덕이셨고 저는 그동안 무사하시기를 간절히 기도하고 떠났습니다. 2주 후 모든 일정을 마치고 밤늦게 귀국했습니다.

그날 밤 자정쯤에 권사님께서 위중하다는 연락에 달려가

믿음에 대한 열 가지 질문

보니 딸의 얼굴을 알아보고는 그만 기력을 놓으셨습니다. 호흡이 점점 약해지고 계셨습니다. '돌아올 때까지 천국 가면 안 된다'는 말에 있는 힘껏 순종하셨다는 마음이 들자 고마움이 북받쳤습니다.

점점 숨소리가 희미해지는 권사님 곁에서 천국 소망을 찬송하고, 말씀을 전했습니다. 권사님의 귀에 입을 대고 외쳤습니다.

"어머니, 예수 십자가를 붙드세요. 이제 천국으로 들어갑니다. 더욱 예수 믿음을 가지세요. 영으로 찬송하세요."

그리고는 우리도 함께 찬양했습니다.

"저 높은 곳을 향하여 날마다 나아갑니다. 내 뜻과 정성 모아서 날마다 기도합니다."(찬송가 491장)

그렇게 찬송을 부르는 중에 마치 한 걸음 한 걸음 천국으로 발걸음을 옮겨 놓으시듯 서서히 숨을 거두셨습니다. 임종 예배가 끝나자 처제가 조용히 말했습니다.

"형부의 예배로 엄마가 믿음을 잃지 않고 천국에 가셨어요. 집안에 목사님 계신 것이 큰 축복이네요."

죽음을 맞는 절망의 순간에도 하나님은 감사로 충만한 은혜를 주십니다. 예수 이름으로 선포하는 말에 권세를 주시고 말하는 대로, 기도하는 대로 이루어 주시는 것입니다. 하나님과 친밀하면 나보다 내 형편을 더 잘 아시는 주께서 최상의 은혜로 우리를 인도하십니다.

그렇다면 오늘 이 시대와 역사 속에 느헤미야처럼 기도의 줄을 당길 자가 누구입니까? 편안함과 즐거움을 뒤로 하고 고독하게 깨어 기도의 줄을 당길 자 누구입니까? 스코틀랜드의 개혁자 존 낙스는 말했습니다.

"기도하는 한 사람이 기도하지 않는 한 민족보다 강하다."

09

믿음의 능력은 무엇입니까?

이른 아침 런닝머신에서 조깅하던 중, 무심코 TV 방송에 눈이 갔습니다. 여러 방송인들과 가수들이 나와서 인생에 얽힌 이야기도 하고, 노래도 부르는 프로그램이었습니다.

한 가수가 나와서 〈내가 난생 처음 여자가 되던 날〉이라는 노래를 불렀습니다. 한 소녀가 여자가 되던 날, 자신을 비롯한 엄마 아빠의 변화되는 모습을 정감 있으면서도 실감나게 표현한 노랫말이었습니다. 처음 듣는 노래였지만 자연스레 입가에 미소가 번졌습니다.

> 내가 난생 처음 여자가 되던 날
>
> 아버지는 나에게 꽃을 안겨주시고 (중략)

웨딩마치가 울리고 식장에 들어설 때

내 손 목 쥔 아버지 가늘게 떨고 있어

난생 처음 보았네.

딸자식을 둔 아버지로서 동감이 되었는지 가슴 한 편이 찡했습니다. 문득 노래를 들으며 시쳇말로 '생뚱맞게' 성령의 임재가 그려졌습니다. 한 소녀가 여인이 되는 과정에도 이런 아름다운 삶의 변화가 일어나는데 하나님이신 성령께서 우리 안에 오실 때 신비하고 놀라운 변화가 있는 것은 당연한 일이 아니겠습니까?

거기까지 생각이 미치고 보니 성령께서 제 인생에 처음 찾아오시던 날, 그 헤아릴 수 없는 감격 속에 일어났던 변화, 그로 인해 성령으로 사는 '맛'을 깨달았던 흥분이 되살아나 새삼스레 설레었습니다.

"아, 나도 성령으로 사는 것이 얼마나 멋지고 즐겁고 넉넉한 일인지 실감나게 표현해 노래하고 싶다!"

성령의 능력으로

사람을 변화시키고, 믿음으로 살아가게 하는 능력은 어디서 올까요? 바로 성령입니다. 성령은 우리에게 그리스도를 알고 믿게 할 뿐만 아니라 믿음으로 살아갈 능력을 주십니다. 속사람을 강건하게 하는 능력(엡 3:16), 고통을 극복하는 능력(행 10:8), 말씀을 분별하는 능력(고전 2:4), 표적과 기사를 행하는 능력(히 2:4), 어떤 상황에도 천국을 소망하는 능력(롬 15:13)을 주십니다. 그래서 하나님의 자녀는 누구나 그리스도의 영, 성령의 인도를 받아야 하는 것입니다.

"무릇 하나님의 영으로 인도함을 받는 사람은 곧 하나님의 아들이라"(롬 8:14)

그러면 성령으로 사는 사람은 삶 가운데 어떤 변화가 일어날까요?

첫째, 죄는 죽고 '하나님의 의'는 살아납니다.

성령께서 임재하실 때 우리 안에는 '새로운 차원의 전쟁'이 일어납니다. 성령님은 진리의 영입니다. 의로운 진리가 악한 죄의 세력과 함께 지낼 수는 없습니다. 성령님은 내 안의 죄를 고발하고 책망하십니다.

말씀을 듣다가 마음이 찔려 괴로워하는 것은 성령께서 하시는 일입니다. 성령으로 임하시는 하나님의 말씀은 마치 '수술 칼'과 같아서 죄로 죽은 내 몸을 도려내고 치유하여 살려

내는 것입니다.

"너희가 육신대로 살면 반드시 죽을 것이로되 영으로써 몸의 행실을 죽이면 살리니"(롬 8:13)

그러므로 성령이 임하시는 곳에는 언제나 '거룩한 파괴'가 일어납니다. 살리기 위해 먼저 죽이는 것입니다. 세우기 위해서 먼저 파괴하는 것입니다. 하나님은 예비하신 것을 세우시기 위해 내가 애착을 갖고 움켜쥔 것들을 무너뜨리십니다. 내가 그토록 소중하게 생각하던 사업, 건강, 관계를 무너뜨리시되 신비하게도 그 무너짐 속에서 하나님 나라를 세워 가십니다.

위대한 교부이자 신학자였던 성 어거스틴은 이것을 '하나님의 도성(the city of God)'이라고 칭했습니다. 세계를 호령하던 거대 제국 로마가 무너지는 동시에, 그 로마의 길을 따라 온 세상으로 복음이 전파되고 주의 나라가 세워지는 역사를 본 것입니다.

이에 대해 사도 바울 역시 이렇게 고백합니다.

"그러므로 우리가 낙심하지 아니하노니 우리의 겉사람은 낡아지나 우리의 속사람은 날로 새로워지도다 우리가 잠시 받는 환난의 경한 것이 지극히 크고 영원한 영광의 중한 것을 우리에게 이루게 함이니"(고후 4:16-17)

둘째, 두려움은 죽고 '담대함'이 살아납니다.

우리는 무서워하는 종의 영이 아니라 '양자의 영'을 받았습니다.

"무릇 하나님의 영으로 인도함을 받는 사람은 곧 하나님의 아들이라 너희는 다시 무서워하는 종의 영을 받지 아니하고 양자의 영을 받았으므로 우리가 아빠 아버지라고 부르짖느니라"(롬 8:14-15)

하나님은 우리에게 더 이상 무서운 심판주가 아니라 '아빠, 아버지'이십니다. 당신은 하나님의 자녀인 것을 믿습니까? 하나님을 '아빠, 아버지'라 부를 수 있습니까? 그렇다면 전혀 두려워할 필요가 없습니다. 근심, 걱정, 불안, 두려워하는 마음은 사단의 계략입니다. 언제 두려움에 빠집니까? 은밀한 죄 가운데 있으면 두렵습니다. 믿음이 없어 신뢰가 끊어지면 두렵습니다. 그러나 성령으로 사는 자녀는 결코 두려워하지 않습니다.

"하나님이 우리에게 주신 것은 두려워하는 마음이 아니요 오직 능력과 사랑과 절제하는 마음이니"(딤후 1:7)

하나님은 성령으로 사는 자녀에게 권세를 주셨습니다. 먼저는 기도응답의 권세입니다. 또한 임마누엘의 권세입니다.

그리고 최종 승리의 권세입니다. 그러므로 주님의 자녀는 자녀됨의 권세로 인해 두려워할 것이 없습니다.

무슨 일을 만나든지, 무슨 일을 행하든지 담대하십시오. 기도로 행하십시오. 감사로 행하십시오. 십자가 사랑으로 행하십시오. 성령께서 친히 인도하시고, 합력하여 선이 되게 하십니다.

셋째, 편안은 죽고 '고통의 축제'가 살아납니다.

오늘 이 시대는 나르시시즘, 곧 자기연민이 만연한 시대입니다. 나를 중심으로 돈을 사랑하며, 성공을 최고의 가치로 여깁니다. 더 성공하고, 더 편안하고, 더 여유롭게 사는 것을 행복이요, 축복이라고 생각합니다. 그러한 사조에 밀려 신앙생활도 자기중심의 소원을 기도 삼고 소유와 명예를 축복으로 구합니다. 세상 사람과 크리스천이 구별되지 않는 참담한 현실입니다. 성령으로 사는 사람은 결코 편안하게 살려고 하지 않습니다.

성령으로 사는 사람은 고난을 피하여 안전을 추구하지 않습니다. 기꺼이 아픔을 자처합니다. 아니 자처한다기보다는, 성령께서 아픔의 의미를 깨닫게 하셔서 '고통의 영광'을 바라보게 하십니다.

"자녀이면 또한 상속자 곧 하나님의 상속자요 그리스도와 함께 한 상속자니 우리가 그와 함께 영광을 받기 위하여 고난도 함께 받아야 할 것이니라 생각하건대 현재의 고난은 장차 우리에게 나타날 영광과 비교할 수 없도다"(롬 8:17-18)

아픔 속에서 놀랍게도 '고통의 축제'를 누리게 하십니다. 내가 아프고 손해 보아서 내 사랑하는 사람이 복되고, 교회가 바르게 세워지고, 하나님의 나라가 이루어진다면 그 아픔 속에서 나는 기뻐하고 또 기뻐하게 되는 것입니다. 일찍이 사도 바울도 이런 고통의 축제를 경험했습니다.

"만일 너희 믿음의 제물과 섬김 위에 내가 나를 전제로 드릴지라도 나는 기뻐하고 너희 무리와 함께 기뻐하리니 이와 같이 너희도 기뻐하고 나와 함께 기뻐하라"(빌 2:17-18)

성령의 증언

이미 언급했듯이 성령으로 살아갈 때 성령께서 친히 우리가 '하나님의 자녀'인 것을 증언하십니다(롬 8:16). 설혹 우리가 연약하여 본의 아니게, 혹은 불가피하게 잘못했을지라도 우리의 마음을 살피시는 하나님께서 모든 것이 합력하여 선이 되게 하십니다. 무슨 일을 만나든지 선이 되고 복이 되며 감사가 되는 삶, 이것이 바로 성령으로 사는 사람의 은혜입니다.

신앙생활을 시작한 지 얼마 되지 않은 한 성도의 이야기입니다.

그녀가 처음 교회에 나올 당시, 마침 '그리스도의 삶을 배우고 따르는 30일 새벽기도회'가 진행되고 있었습니다. 교회에 막 나오기 시작한 성도가 새벽기도를 나오는 것이 대견해 물어보았습니다.

"30일 새벽기도회를 통해 변화된 것이 있습니까?"

그러자 기다렸다는 듯 주저 없이 대답을 합니다.

"인생의 우선순위가 바뀌었어요. 전에는 남편의 진로와 자녀들의 장래 문제로 늘 불안하고 두려웠어요. 하지만 새벽기도와 말씀을 통해 그동안 제 인생 목적이 잘못된 것을 알고 회개하게 되었지요. 그리고 나니 더 이상 남편과 자녀 문제로 근심하지 않고 평안하게 되었습니다."

그러면서 그동안 그녀의 가정에 있었던 이야기를 이어갔습니다.

"사실 남편이 대기업 중역으로 있다가 얼마 전에 사표를 냈습니다. 한동안 회사도 출근하지 않고, 퇴직 절차를 밟고 있었습니다. 이제 퇴직금만 은행으로 입금되면 모든 것이 정리

되는 것이죠. 그런데 그날 아침에 기업 고위층 한 분에게 전화가 와서 만났더니, 자신이 계열사의 사장으로 나가게 되었는데 놀랍게도 같이 일할 수 없겠냐는 제안을 했습니다. 얼마 전 그분에게 남편이 더 재직할 수 있도록 부탁을 했는데, 그때는 단호히 거절해서 마음을 정리했거든요. 그런데 이제 오히려 그분이 아쉬운 부탁을 해온 겁니다."

어찌 이 일이 우연이라고 할 수 있겠습니까? 그녀의 확신과 고백대로 성령의 인도하심이라 믿습니다. 성령은 아무것도 할 수 없는 우리의 연약함을 간과하지 않으시고 친히 우리가 하나님의 자녀인 것을 세상에 증언하십니다.

"이와 같이 성령도 우리의 연약함을 도우시나니 우리는 마땅히 기도할 바를 알지 못하나 오직 성령이 말할 수 없는 탄식으로 우리를 위하여 친히 간구하시느니라… 우리가 알거니와 하나님을 사랑하는 자 곧 그의 뜻대로 부르심을 입은 자들에게는 모든 것이 합력하여 선을 이루느니라"(롬 8:26, 28)

당신은 하나님의 자녀입니까? 하나님의 자녀답게 능력 있는 삶을 살고 있습니까? 당신 안에 보혜사 성령님이 계심을 확신하십시오. 돌보시고 살피시는 보혜사 성령께서 항상 도우시고 인도하십니다. 성령님의 책망에 민감하십시오. 성령님의 인도하심에 순종하십시오. 성령님을 더 사랑하고 갈망하며 의지하십시오. 여기서 성령을 갈망하고 의지한다는 것은 다름 아닌 예수 이름으로 기도하는 것입니다.

성령님을 근심케 하지 말고, 성령을 소멸하지 마십시오. 성령으로 살아갈 때 내 안의 죄는 죽고, 하나님의 의는 살아납니다. 두려움은 죽고, 담대함이 살아납니다. 편안은 죽고, 고통의 축제가 살아납니다. 이로써 성령께서 친히 우리가 하나님의 자녀인 것을 증언하시고, 인도하시고, 책임져 주실 것입니다.

"무릇 하나님의 영으로 인도함을 받는 사람은 곧 하나님의 아들이라"(롬 8:14)

❿

믿음의 비전은 무엇입니까?

　오래 전 〈코리아 갓 탤런트〉라는 오디션 프로그램에 출연해 전국적으로 주목을 받았던 '최성봉'의 사연을 들은 적이 있습니다. 그는 다섯 살 때부터 고아가 되어 껌팔이로, 나이트클럽 심부름꾼으로, 육체 노동으로 힘겨운 날들을 보내면서 죽을 만큼 힘들고 고달팠지만 그럼에도 죽고 싶은 생각은 없었다고 합니다.

　그러다가 갖은 고생 끝에 검정고시로 고등학교를 졸업하고 대학까지 합격하게 되었는데 어려운 경제 현실로 학업의 꿈을 접어야 했습니다. 꿈이 좌절되는 순간, 그는 처음으로 죽고 싶다는 생각이 들었고 자살까지 시도했다는 것입니다.

　이제 꿈을 이루게 된 그는 살아있기에 오늘 꿈을 이룰 수 있었다고, 시청자들도 꼭 살아서 꿈을 이루기 위해 노력하라고 방송을 통해 당부했습니다. 무엇보다 꿈이 좌절된 순간 삶을 포기하고 싶었다는 그의 말이 여운으로 남습니다.

궁극적 이유

오늘 우리는 무엇으로 살고 있습니까? 성경은 그리스도인이라면 누구나 '믿음'으로 살아야 한다고 증거합니다.

"기록된 바 오직 의인은 믿음으로 말미암아 살리라"(롬 1:17)

히브리서 기자는 믿음을 '바라는 것의 실상'이라고 정의합니다. 곧 꿈꾸고 바라는 것을 오늘 이루어진 현실로 사는 역설이 믿음인 것입니다. 이처럼 믿음으로 사는 자에게는 반드시 주어지는 두 가지 은혜가 있으니, 곧 평안과 비전(vision)입니다. 믿음은 어떤 상황에서도 요동하지 않고 평안 가운데 거하게 합니다. 또한 그 평안을 기초로 비전을 꾸준히 이루어가게 합니다.

성경은 '비전'을 다양하게 표현합니다. 예언, 환상, 꿈, 소원, 사명, 소명 등 그것이 무엇이든 성경적 비전이라면 반드시 다음의 세 가지 특징을 갖습니다.

먼저 비전은 나이와 상관이 없습니다.

비전은 믿음으로 살아가는 사람이라면 누구에게나 주어지는 하나님의 꿈입니다.

"하나님이 말씀하시기를 말세에 내가 내 영을 모든 육체에 부어 주리니 너희의 자녀들은 예언할 것이요 너희의 젊은이들은 환상을 보고 너희의 늙은이들은 꿈을 꾸리라"(행 2:17)

또한 비전은 나의 존재 목적입니다.

비전은 나를 새롭게 합니다. 나를 소생하게 합니다. 살아 움직이게 합니다. 모든 난관을 넘어서게 합니다. 불이 일 듯 열정적으로 행동하게 합니다. 마침내 비전이 그 일을 성취하게 합니다.

"내가 달려갈 길과 주 예수께 받은 사명 곧 하나님의 은혜의 복음을 증언하는 일을 마치려 함에는 나의 생명조차 조금도 귀한 것으로 여기지 아니하노라"(행 20:24)

내 안에 품은 비전이 무엇이냐, 이것이 내 삶의 이유요 목적입니다. 만약 이루어 가야 할 비전이 없다면 그는 나이와 상관없이 삶을 연명(延命)하는 불쌍한 인생인 것입니다.

그리고 비전은 하나님께서 부어주신 소원입니다.

비전은 내 욕망, 내 욕구가 아니라 하나님께서 부어주십니다. 그리고 하나님께서 주셨기에 그 과정 또한 하나님께서 친히 이루어 가십니다.

"너희 안에서 행하시는 이는 하나님이시니 자기의 기쁘신 뜻을 위하여 너희에게 소원을 두고 행하게 하시나니"(빌 2:13)

이상과 같이 비전은 나이와 상관없이 믿는 자 누구에게나 부어주시는 하나님의 소원입니다. 그리스도인의 삶의 이유요 목적입니다. 이 비전은 하나님께로부터 온 것이기에 나의 믿음을 통해서 하나님이 이루어 가십니다. 오스 기니스는 이런 비전의 중요성을 다음과 같이 설명했습니다.

"비전은 인간 경험 중 가장 포괄적인 방향전환이요 가장 심오한 동기를 유발하는 것, 곧 모든 역사에서 삶의 궁극적 이유이다."

세상을 움직이는 힘

비전은 다른 무엇이 아니라 믿음에서 시작됩니다. 느헤미야는 주전 587년 이스라엘이 바벨론에 무너지고, 포로로 끌려갔던 유대인 후손 중의 한 사람입니다.

불행한 역사 속에서 그는 비천한 신분임에도 불구하고 하나님의 은혜로 세계 최대 제국 페르시아 왕의 절대 신임을 받는 고위 관리가 되었습니다. 부귀와 영광을 누릴 수 있는 삶이었지만 그는 조국의 비참한 현실을 듣고 식음을 전폐하며 하나님께 울부짖었습니다.

"내가 이 말을 듣고 앉아서 울고 수일 동안 슬퍼하며 하늘의 하나님 앞에 금식하며 기도하여"(느1:4)

느헤미야의 간절한 기도로 인하여 하나님께서 왕의 마음을 움직이셨습니다. 기억하십시오. 하나님이 움직이면 세상이 움직입니다. 하나님께서 문을 열면 닫을 사람이 없습니다. 당신의 삶 속에 문제가 있습니까? 닫힌 문이 있습니까?

그렇다면 사람을 움직이려 하지 말고 먼저 기도로 하나님의 마음을 움직이십시오. 하나님의 마음이 움직이면 하나님께서 기도하는 사람을 통해 세상을 움직이게 하십니다. 관건은 하나님 마음이 움직이는 것입니다.

느헤미야가 하나님의 마음을 움직이자 하나님은 왕의 마음을 움직이게 하셨습니다. 왕이 느헤미야로 하여금 예루살렘을 방문할 수 있게 한 것입니다. 그냥 가는 것이 아니라 성벽을 재건할 재목을 가져가게 되었습니다. 혼자 가는 것이 아니라 군대장관과 마병의 호위를 받으며 가게 되었습니다. 어떤 세력도 그를 건드리지 못하도록 왕의 조서를 가지고 가게 된 것입니다(느 2:8-9).

야망인가, 비전인가

자나깨나 기도하던 느헤미야의 마음속에 하나님께서 소원을 주셨습니다. 그 소원은 예루살렘을 재건하는 꿈이었습니다.

"내 하나님께서 예루살렘을 위해 무엇을 할 것인지 내 마음에 주신 것을 내가 아무에게도 말하지 아니하고…"(느 2:12)

여기서 우리는 비전과 야망을 구분하는 지혜를 배우게 됩니다. 흔히 사람들은 자신의 야망을 비전으로 착각하는 경우가 많습니다. 야망과 비전은 어떻게 구분할 수 있습니까?

야망은 나, 인간으로부터 시작한 꿈이고,

비전은 하나님으로부터 시작한 꿈입니다.

야망은 나를 위한 나의 영광이고,

비전은 세상을 위한 하나님 영광입니다.

야망은 수단과 방법을 가리지 않고,

비전은 의와 사랑으로 이루어 갑니다.

야망과 비전은 물과 기름처럼 혼합될 수 없습니다. 근원이 다르고 목적이 다르고 과정이 다릅니다. 비전은 그 근원이 하나님께로부터 온 것이며 그 목적이 하나님을 영화롭게 하는 것입니다. 그렇기에 그 과정 역시 순종으로 복되게 이루어집니다. 이 비전을 이루는 과정을 성경은 이렇게 표현합니다.

"또 여호와를 기뻐하라 그가 네 마음의 소원을 네게 이루어 주시리로다 네 길을 여호와께 맡기라 그를 의지하면 그가 이루시고 네 의를 빛 같이 나타내시며 네 공의를 정오의 빛 같이 하시리로다"(시 37:4-6)

비전 성취의 과정

그러면 비전은 어떻게 성취되는 것일까요? 그 과정은 다음과 같습니다.

첫째, 비전은 '하나님의 열심'으로 이루어 갑니다.

느헤미야는 페르시아로부터 1,200km 이상 떨어진 예루살렘을 향해 길을 떠났으니 아마 족히 몇 달이 걸렸을 것입니다. 상식적으로 볼 때 여독으로 몸살이 나 얼마 동안 꼼짝 못했을 텐데 그는 삼 일 만에 벌떡 일어나 일을 진행합니다.

"내가 예루살렘에 이르러 머무른 지 사흘 만에 내 하나님께서 예루살렘을 위해 무엇을 할 것인지 내 마음에 주신 것을 내가 아무에게도 말하지 아니하고 밤에 일어나 몇몇 사람과 함께 나갈새…"(느 2:11-12)

어떻게 가능했을까요? 이는 느헤미야 자신의 힘이 아니라 그 안에 있는 하나님의 열심이 그를 불러일으켜 세운 것입니다. 사도 바울도 '하나님의 열심'이 자신을 전도자로 이끌었음을 고백한 바 있습니다.

"내가 하나님의 열심으로 너희를 위하여 열심을 내노니"(고후 11:2)

둘째, 비전은 홀로, 그러나 함께 이루어 갑니다.
신앙은 하나님과의 고독한 여정입니다. 누구도 하나님과 나 사이의 관계를 대신할 수 없고, 아무도 그 사귐의 내용을 알 수 없습니다. 오직 하나님과 홀로 대면하여 비전을 확인하고 순종하며 이루어 가는 것입니다. 하지만 동시에 '함께' 이루어 가는 것입니다.

"또 그들에게 하나님의 선한 손이 나를 도우신 일과 왕이 내게 이른 말씀을 전하였더니 그들의 말이 일어나 건축하자 하고 모두 힘을 내어 이 선한 일을 하려 하매"(느 2:18)

비전이 하나님께로부터 온 것이라면 반드시 적극적으로 함께 하는 사람들이 모입니다. 예상치 않은 사람들, 그러나 하나님께서 예비해 두신 준비된 사람들이 돕게 되는 것입니다. 하나님은 언제나 사람을 통해 비전을 이루어 가십니다.

셋째, 비전은 고난을 통과한 후에 이루어집니다.

하나님께로부터 온 비전을 수행할 때는 반드시 방해 세력이 있기 마련입니다.

"호론 사람 산발랏과 종이었던 암몬 사람 도비야와 아라비아 사람 게셈이 이 말을 듣고 우리를 업신여기고 우리를 비웃어 이르되 너희가 하는 일이 무엇이냐 너희가 왕을 배반하고자 하느냐 하기로"(느 2:19)

방해를 하는 여러 이유가 있겠지만 무엇보다 불신과 무지가 그 원인입니다. 이는 자신도 모르게 사단의 추종자가 되어 하나님의 일을 방해하게 되는 불행입니다.

그러나 비전의 사람은 두려워하지 않습니다. 하나님의 비전은 하나님께서 친히 이루어 가시기 때문입니다(시 23:4). 우리에게 닥친 여러 방해는 믿음을 더욱 견고하게 하고 하나님의 행하심을 보게 하는 도구가 됩니다.

하나님은 비전 자체보다 주의 자녀들에게 관심이 더 많으십니다. 곧 불 같은 연단을 통해서 불순물이 다 제거되고 정금같이 순전한 하나님의 사람을 만드시는 것입니다.

"너희 믿음의 확실함은 불로 연단하여도 없어질 금보다 더 귀하여 예수 그리스도께서 나타나실 때에 칭찬과 영광과 존귀를 얻게 할 것이니라"(벧전 1:7)

비전의 형통

하나님께서 당시 느헤미야에게 주신 비전은 예루살렘 재건이었습니다. 그리고 수천 년의 세월이 지난 오늘 우리에게도 다시 '재건'의 비전을 주셨습니다. 무엇을 재건하는 사명일까요? 먼저는 나 자신의 성전을 재건하는 비전입니다. 죄로, 세상 사조로 물들어 성령이 거하는 전임을 알지 못하고 무너진 우리의 심령을 재건해야 합니다.

또한 이 세상을 재건하는 비전입니다. 먼저 복음을 선물받은 자로서 세상을 복음으로 일으켜 재건하는 사명입니다. 우리는 천국 백성으로 이 땅에서 천국을 살아가는 백성입니다. 정치, 사회, 문화, 교육, 환경 등 삶의 모든 영역에서 그리스도의 뜻이 실현되는 하나님의 나라를 재건해야 합니다.

그것은 나 한 사람의 행동으로부터 시작됩니다. 물론 세상의 법과 권세로 다스려지는 현실 속에서 하늘의 비전을 이루려면 분명 죽음에 직면하는 방해가 있을 것입니다. 그러나 그때마다 잊지 말고 선포하십시오.

"상황이 어려울지라도 능히 이겨낼 수 있는 '하나님의 열심'을 주실 것이다. 지금은 혼자이지만 헌신하는 사람들이 '함께' 일어날 것이다. 고난 속에서 오히려 '강건'해지고 잘 될 것이다."

걱정하지 마십시오. 두려워하지 마십시오. 입술을 다스리고 절제하십시오. "안 된다, 어렵다, 힘들다"고 말하지 마십시오. 내 안에 잠든 믿음을 불러일으키십시오. 하나님의 열심이 나를 둘러쌀 것입니다.

"너희 안에서 행하시는 이는 하나님이시니 자기의 기쁘신 뜻을 위하여 너희에게 소원을 두고 행하게 하시나니"(빌 2:13)

부디 기도로, 감사로, 십자가 사랑으로 하나님의 비전을 이루가십시오. 비전은 우리를 서로 더 사랑하게 합니다. 서로 더 행복하게 합니다. 서로 더 형통의 복을 누리게 합니다. 그것이 믿음의 비전이 이뤄지는 하나님의 증거입니다.

"내가 그들에게 대답하여 이르되 하늘의 하나님이 우리를 형통하게 하시리니 그의 종들인 우리가 일어나 건축하려니와…"(느 2:20)

2

믿음으로 산다는 것

01

지식보다 자의식을 가져라

크리스천이라면 누구나 한번쯤 신앙생활을 잘해 보겠다고 다짐한 적이 있을 것입니다. 그런데 문제는 '예수 잘 믿는다는 것'이 무엇인가 하는 점입니다. 예수 잘 믿는 것이 무엇인지에 대한 정의에 따라 그 신앙생활의 모습 또한 달라지기 때문입니다.

예수 잘 믿는 것이 무엇이라고 생각합니까? 혹 주변에 예수 잘 믿는 사람을 보았습니까? '나도 저렇게 믿어야지'하는 신앙의 모델이 있습니까? 안타깝게 오늘날 예수 잘 믿는 사람을 만나기가 쉽지 않습니다. 과연 예수 잘 믿는다는 것은 무엇일까요?

신앙인의 이름

예수 믿는 사람들이 '크리스천'이라고 불린 것은 초대교회 당시 안디옥교회까지 거슬러 올라갑니다. 성경에는 바나바와 바울에게 가르침을 받은 제자들이 안디옥에서 비로소 크리스천이라고 불렸다는 한 문장의 기사로 언급됩니다(행 11:25-26).

하지만 그것은 하루아침에 이루어진 일이 아니었습니다. 안디옥교회는 예루살렘의 초대교회 성도들이 박해로부터 피신하여 이룩한 예배 공동체였습니다. 역사적으로 로마 신앙 공동체의 거처가 된 카타콤(catacomb, 지하무덤)이나 안디옥 동편 실피우스 산 중턱에 있는 동굴교회를 보면 당시 신앙생활이 얼마나 힘들었을지 그 정황을 보여줍니다.

열악한 현실 속에서도 그들이 '크리스천'이라 불렸다는 사실은 공동체 밖의 사람들에게까지 그 삶의 모습이 증거되고 확인되었다는 것을 말해 줍니다. 아마 처음에는 유대 땅에서 도망 온 이민자들의 특이한 생활을 모욕과 비아냥거림이 섞인 말로 표현한 호칭이었을 것입니다. 분명한 것은 거기에 담긴 의미입니다. '크리스천'이란 말에는 다음과 같은 뜻이 담겨 있습니다.

"그리스도를 닮았다. 그리스도를 따른다. 그리스도를 위해 산다."

다시 말해 그들의 언어, 행위, 생활이 다른 누구보다 그리스도를 닮았다는 것입니다. 그들의 기질 안에 예수 그리스도의 성품이 보입니다. 그들은 오직 그리스도를 위해 삽니다. 살든지 죽든지 그 이유가 오직 한 분, 예수입니다. 삶의 모든 선택이 언제나 예수를 기준으로 이루어지는 것입니다.

그렇다면 당신은 크리스천입니까? 지금 "나는 크리스천이다!"라고 당당하게 말할 수 있습니까? 만약 크리스천이라면 비록 인간적 한계로 인해 실수와 실패를 거듭할지라도, 어떤 경우에서든 예수를 구주로 인정하고, 그리스도처럼 살고자 하는 소원이 있어야 합니다.

예수를 닮기 원하고, 예수를 위해 살기 원하고, 예수를 따르기 원하는 것입니다. 연약함과 한계로 신앙을 포기하지 않고, 오히려 그렇기 때문에 더욱 예수를 사모하고, 예수를 의지하며 살아야 합니다. 그렇게 사는 자들을 향해 세상은 오늘도 '크리스천'이라 부르는 것입니다.

예수 신앙의 자의식

다시 예수 잘 믿는다는 것에 대해 생각해 봅시다. 예수 잘 믿기 위해서는 무엇보다 먼저 예수를 잘 알아야 합니다. 그것은 예수에 대한 어떤 지식이 아니라 예수님과 관계 맺은 '나'를 아는 것이 우선입니다. 곧 '예수 신앙의 자의식'을 갖는 것입니다.

유한한 존재인 인간이 무한하신 하나님의 존재를 안다는 것은 어불성설입니다. 다만 인간은 하나님께서 보여주고 알려주신 만큼 알 수 있습니다.

따라서 하늘에 계신 하나님이 아니라 이 땅에 나를 위해 오신 하나님, 예수 그리스도께서 내게 행하신 일을 알 때 신앙인으로서의 '나'를 바로 알게 되는 것입니다. 예수 신앙의 자의식을 갖기 위해서는 대략 세 단계의 과정을 거쳐야 합니다.

첫째, '앎'의 단계입니다.

예수가 그리스도임을 알고 믿는 것입니다. 사도 바울은 크리스천의 삶의 근거가 예수를 믿는 믿음에 있으며 이 믿음은 그리스도를 아는 것에 있다고 분명하게 밝힙니다.

"만일 우리가 그리스도와 함께 죽었으면 또한 그와 함께 살줄을 믿노니 이는 그리스도께서 죽은 자 가운데서 살아나셨으매 다시 죽지 아니하시고 사망이 다시 그를 주장하지 못할줄을 앎이로라"(롬 6:8-9)

성도의 앎은 그리스도께서 내게 행하신 일에 관한 지식입니다. 이 지식은 자의식의 첫걸음입니다. 그리스도께서 죄로 죽은 우리를 다시 살리셨다는 '거듭난 생명'을 인식할 때만이 신앙인의 자의식을 논할 수 있는 것입니다.

흔히 사람들은 왜 타종교가 아니라 오직 예수 신앙이어야만 하는가를 묻습니다. 때로는 오직 예수만을 외치는 교회가 배타적이라고 비난하기도 합니다.

그럼에도 불구하고 기독교는 '오직 예수'로만 구원의 길을 제시할 뿐입니다. 이는 배타적인가 이타적인가의 문제가 아니라 기독교 핵심 가치의 문제이기 때문입니다. '기독'은 그리스도를 뜻하는데 그 그리스도가 유일한 구원자이십니다.

따라서 "그리스도가 구원자"라는 정의 없이 기독교는 존재할 수 없습니다. 만약 그것이 가능하다면 그것은 기독교가 아니라 다른 종교입니다. 크리스천의 자의식은 앎, 곧 "예수는 그리스도"라는 지식에 기초합니다.

예수는 하나님 자신이며, 하나님을 보여주고, 하나님을 알려주고, 하나님을 믿게 하는 유일하고 완전한 계시입니다. 예수 이외에 하나님을 알 수 있는 다른 계시는 없습니다. 예수를 통하지 않은 하나님은 설혹 호칭이 같을지라도 기독교에서 말하는 '하나님'이 아닙니다.

우리는 하나님의 말씀인 성경을 통해 예수를 만납니다. 성경은 예수를 이렇게 소개합니다.

"예수는 임마누엘이시다!"

"예수는 그리스도이시다!"

예수의 성육신, 그것은 임마누엘 사건입니다. 예수의 십자가, 그것은 인류 구원의 사건입니다. 예수의 부활, 그것은 죄에 대한 영원한 승리의 사건입니다. 그러므로 예수를 아는 것이 하나님을 아는 것이요, 또한 예수를 아는 것이 생명이고 자유이며 영원한 승리인 것입니다. 이 세상 최고의 지식은 예수를 아는 것입니다.

"그(예수) 안에는 지혜와 지식의 모든 보화가 감추어져 있느니라"(골 2:3)

둘째, '여김'의 단계입니다.

그리스도에 대한 지식을 나의 경험으로 받아들이고 인정하는 과정입니다.

"이와 같이 너희도 너희 자신을 죄에 대하여는 죽은 자요 그리스도 예수 안에서 하나님께 대하여는 살아 있는 자로 여길지어다"(롬 6:11)

여김은 그리스도에 대한 동일화(identify with Christ)입니다. 예수를 알 뿐 아니라 믿음으로 그리스도의 십자가와 부활 사건을 내 사건, 내 경험, 내 구원으로 받아들이는 것입니다. 지식은 믿고 고백하는 '여김'의 과정을 통해 비로소 삶에 뿌리내립니다.

이 과정을 거친 사람은 '예수 십자가와 함께 나의 옛사람은 죽었다. 예수 부활과 함께 나도 하나님 자녀로 다시 살아났다'는 사실을 확신하고 고백하게 됩니다.

당신은 십자가에 죽으신 예수가 내 죄를 구속하신 그리스도이심을 믿습니까? 이를 믿는다면 당신은 이미 죄로부터 오는 진노의 심판, 악한 습관, 부정적 감정으로부터 벗어나게 된 것입니다.

의심하지 마십시오. 당신이 의식하든 못하든 불안, 근심, 죄책감, 열등감, 우울증, 실패감, 저주 등으로부터 자유를 보장받았습니다. 더 이상 가문이나 인생에 흐르는 저주 따위는 있을 수 없습니다. 성경은 우리가 이 모든 것으로부터 완벽히 해방되었음을 선언합니다.

"그러므로 이제 그리스도 예수 안에 있는 자에게는 결코 정죄함이 없나니 이는 그리스도 예수 안에 있는 생명의 성령의 법이 죄와 사망의 법에서 너를 해방하였음이라"(롬 8:1-2)

그리스도를 구원자로 고백했음에도 이 같은 감정이나 습관에 붙잡혀 있다면 그것은 명백한 속임수입니다. 불안, 근심, 죄책감, 열등감 등이 밀려오면 당장 이렇게 선언하십시오.

"옛사람 ○○○은(는) 십자가와 함께 죽었다. 그러나 예수 부활과 함께 하나님 자녀로 다시 살았다. 예수 이름으로 명하노니 속임의 영은 떠나라!"

이제 그리스도를 소리 높여 찬양하십시오. 내 안에 거하시는 그리스도의 영, 성령께서 자유와 평안, 기쁨으로 가득 차게 하실 것입니다.

<u>셋째, '드림'의 단계입니다.</u>

드림은 그리스도에 대한 헌신입니다. 예수를 바로 알고 그리스도의 구속 사건과 동일시 할 뿐 아니라, 그리스도를 위해 나를 드리는 것입니다.

"너희 지체를 불의의 무기로 죄에게 내주지 말고 오직 너희 자신을 죽은 자 가운데서 다시 살아난 자 같이 하나님께 드리며 너희 지체를 의의 무기로 하나님께 드리라"(롬 6:13)

죄로 말미암아 죽었다가 그리스도로 인하여 다시 살았음을 알고 믿는 자는 자기 자신을 마음대로 주장할 수 없습니다. 새로 얻은 인생은 주님께 속한 것이기 때문입니다.

우리의 생명이 그리스도와 동일시 될 때 오는 가장 큰 변화는 무엇보다 '존재의 변화'입니다. 곧 하나님의 자녀(양자)가 되는 것입니다. 자녀의 특권이 무엇입니까? 자유와 상속권을 누리게 되는 것입니다.

"너희는 다시 무서워하는 종의 영을 받지 아니하고 양자의 영을 받았으므로 우리가 아빠 아버지라고 부르짖느니라 성령이 친히 우리의 영과 더불어 우리가 하나님의 자녀인 것을 증언하시나니 자녀이면 또한 상속자 곧 하나님의 상속자요 그리스도와 함께 한 상속자니 우리가 그와 함께 영광을 받기 위하여 고난도 함께 받아야 할 것이니라"(롬 8:15-17)

이 자유와 양자됨에 대한 자연스런 반응이 헌신입니다. 존재 변화에 대한 감격, 기쁨, 고백, 감사가 헌신으로 이어지는 것입니다. 이는 주를 위해 살겠다는 자발적 헌신입니다. 어떠한 강요나 요구에 의한 것이라면 헌신이라 할 수 없습니다. 그러니 만일 헌신에 자발성이 없다면 그 이전 단계인 '앎'과 '여김'을 점검해 보아야합니다.

"나에게 예수님은 임마누엘 그리스도이신가?"

"나는 십자가와 함께 죽고 예수 부활과 함께 하나님 자녀로 다시 살았는가?"

이 사실이 분명해야만 비로소 주를 위한 의의 도구로써 자원하는 삶을 살아갈 수 있습니다. 이 헌신의 길에서는 고난이 감격을 넘지 못하며, 어둠이 영광을 넘지 못하고, 죽음이 생명을 넘지 못하는 것입니다.

신앙고백의 삶

어느 명절 연휴 기간에 있었던 일입니다.

명절은 가족들이 한자리에 모이는 기쁨의 시간이지만 흩어져 살던 편안함과 자유가 제한되는 갈등의 시간이기도 합니다.

집안에서 제가 장남이라서 아내가 매번 명절 준비를 해왔습니다. 그러던 중 마침 막내 동생이 오랜 해외생활을 마치고 돌아와서 그해의 명절 준비를 하기로 했습니다. 그런데 명절 즈음 동생이 제게 연락해 오기를 이번 명절을 부모님 댁에서 지내면 어떻겠냐고 묻습니다. 저는 별 생각 없이 선뜻 그렇게 하자고 했습니다. 하지만 문제는 아내의 심기가 영 불편해 보였다는 것입니다.

"동생에게 그럴 만한 사정이 있겠지."

그러자 아내가 한마디를 합니다.

"혼자 맘 넓은 척 다 하시네요. 당신 맘은 하늘 같고, 난 속

좁은 사람이에요."

곰곰이 생각해 보니 아내 마음이 헤아려집니다. 오랜만에 동생 집에서 한다 홀가분했는데, 본가에서 한다고 하니 명절 준비가 다시 아내에게 돌아온 것입니다. 게다가 속 넓은 척은 제가 다 했으니 서운했던 것입니다.

이런 사소한 갈등이 어디 저희 집에만 있겠습니까? 누구나 살면서 이런 소소한 갈등, 아픔을 겪으며 살아갑니다. 하지만 누구에게나 있을 법한 사소한 갈등과 문제에도 크리스천은 다르게 처신해야 합니다. 갈등과 문제의 소지가 보이거든 얼른 신앙고백을 하십시오.

"예수는 임마누엘 그리스도이십니다! 나는 십자가와 함께 죽었습니다. 부활과 함께 살았습니다!"

이렇게 신앙고백을 하면 성령께서 마음을 바꾸어 주십니다. 누구에게든지 환히 웃으십시오. 무슨 일이든지 기쁘게 헌신하십시오. 죽음에서 건짐 받아 영원한 삶을 얻은 우리가 별것 아닌 일로 그리스도의 죽음과 삶을 헛되게 해서야 되겠습니까?

어떤 상황에서도 '나는 크리스천이다'를 증명해 보이십시오. 혹 종교가 다를지라도, 마음 상하는 일이 있어도, 경제적 사정이 여의치 않을지라도, 상대방이 속 좁거나, 속 넓은 척해도 어떤 경우에든지 먼저 자신의 정체성을 확인하십시오.

십자가와 부활, 성령으로 인하여 어떤 환경에서도 넉넉하십시오. 예수 잘 믿는 당신으로 인하여 가정은 화목해지고, 공동체는 건강해지고, 믿지 않는 자들이 주께로 돌아오는 기회를 얻게 될 것입니다. 그럴 때 비로소 세상은 당신을 향해 '크리스천'이라 일컫게 될 것입니다.

"이 사람이야말로 그리스도를 닮았다. 그리스도를 따른다. 그리스도를 위해 산다."

⓿❷

옵션보다 본질을 구하라

　예수 잘 믿는 사람들에게 반드시 나타나는 표시가 있습니다. 평안, 기쁨, 자유의 3종 세트입니다. 경제적으로 어렵든지, 진로가 불투명하든지, 병이 들었든지, 시기질투를 당하든지 예수 잘 믿는 크리스천이라고 한다면 '그럼에도 불구하고' 누리는 평안과 기쁨, 자유가 있습니다. 세상에서는 외모나 능력, 배경 등을 잘 사는 사람의 표시로 생각하지만 예수 잘 믿는 사람의 표시는 평안과 감사와 자유인 것입니다.

회복의 능력

　크리스천이 항상 평안과 감사와 자유를 누리는 것은 삶의 현실을 무시해서가 아니라 믿음으로 현실을 초월하기 때문입니다. 예상치 못한 상황과 문제들로 근심하고 염려할 수 있으나 믿음은 우리를 다시 평안, 감사, 자유로 회복시켜줍니다.

그러므로 믿음이 좋다는 것은 '회복의 능력'이 빠르다는 말과도 같습니다. 근심과 염려의 시간은 단축시키고 평안, 감사, 자유의 상태를 회복하여 지속시키는 능력이 믿음인 것입니다.

당신은 예수 신앙으로 인한 평안과 감사와 자유를 누리고 사십니까? 이 표시가 없다면 직분이나 역할 또는 봉사의 분량과 상관없이 예수 잘 믿는 것이 아닙니다. 만약 믿음의 공동체 안에서까지 이런저런 눈치보고, 여러 가지 부담을 느끼면서 쉼과 평안을 누리지 못한다면 이는 뭔가 잘못된 일입니다. 교회 다니는 것이 또 하나의 부담과 짐이 된다면 그것은 예수님의 의도와 전혀 다른 것입니다.

주님은 말씀하셨습니다.

"수고하고 무거운 짐 진 자들아 다 내게로 오라 내가 너희를 쉬게 하리라"(마 11:28)

그렇다고 오해하지는 마십시오. 해야 할 상황에 아무것도 안하고 가만히 있는 것은 쉼이 아니라 게으름에 가깝습니다. 주님으로 인한 거룩한 부담과 사명을 인식하고 있는 사람은 일의 크고 작음이나 많고 적음에 구애받지 않고 평안과 감사, 자유를 누리는 법입니다.

거듭 강조하지만 믿음은 회복의 능력입니다. 언제든지 근심과 염려, 불안이 스칠 수 있습니다. 하지만 우리의 믿음은 나 자신이나 세상이 아닌 '하나님 사랑'에 근거하기에 언제라도 속히 평안과 감사, 자유를 회복할 수 있는 것입니다.

절대 기준

인생에서 누구를 만나고 누구를 보았느냐가 중요합니다. 인간은 만남을 통해 영향 받고 배우며 성숙하기 때문입니다. 예수 잘 믿는 사람을 만났다면 그만큼 예수 잘 믿는 기회를 얻었을 텐데, 아쉽게도 예수 신앙의 모델이 흔치 않아 신앙의 모범을 전수받기가 어렵습니다. 이 시대 정치의 모델을 보기 어렵고 교육의 모델을 보기 어렵듯 오늘날 기독교의 비극 또한 믿음의 모델을 만나기가 쉽지 않다는 사실입니다.

늦깎이 크리스천이었던 사도 바울은 자신의 신앙과 가르침에 대해 다소 충격적인 이야기를 한 바 있습니다.

"너희는 내게 배우고 받고 듣고 본 바를 행하라"(빌 4:9)

충격적이라고 함은 도대체 어떻게 믿고 살았기에 이처럼

당당히 말할 수 있는가 하는 것입니다. 확신 어린 명령 앞에 열거된 그의 가르침의 내용은 이렇습니다.

"형제들아 무엇에든지 참되며 무엇에든지 경건하며 무엇에든지 옳으며 무엇에든지 정결하며 무엇에든지 사랑 받을 만하며 무엇에든지 칭찬 받을 만하며 무슨 덕이 있든지 무슨 기림이 있든지 이것들을 생각하라"(빌 4:8)

여기서 계속 반복되며 집중시키는 단어는 "무엇에든지"입니다. 바울은 무슨 경우를 당하든지, 어떤 어려움에 처하든지 내가 이렇게 살았으니 너희도 이렇게 살라고 주장합니다.

예수 신앙은 은혜에 기인하지만 그렇다고 해서 도덕 윤리를 간과하지 않습니다. 도리어 어떤 종교보다 높은 윤리적 책임을 요구합니다.

기독교 윤리는 인간의 형편과 처지에 따라 다르게 적용되는 '상황 윤리'가 아니라 하나님께 근거를 둡니다(마 5:48, 엡 5:1). 그러므로 어떤 상황에도 그대로 적용하고 실천되어야 하는 '절대 윤리'인 것입니다.

사도 바울은 빌립보교회가 보다 성숙한 교회가 될 것을 권면하면서 그 내용으로 "무엇에든지"로 시작하는 여섯 가지 덕목을 제시합니다. 다름 아닌 무엇에든지 '참되며, 경건하며, 옳으며, 정결하며, 사랑받을 만하며, 칭찬받을 만하며'입니다.

그리고 뒤이어 이를 보충하는 덕과 기림을 덧붙입니다.

"무슨 덕이 있든지 무슨 기림이 있든지 이것들을 생각하라."

너희가 세상에서 어떤 '덕'(윤리)을 행하고 '기림'(칭찬, 찬양)을 받든지, 앞서 여섯 가지 그리스도인의 덕을 생각하고 실천해야 한다는 것입니다.

그런데 중요한 것은 이 같은 덕목을 우리 스스로 행하는 것이 아니라 내 안에 계시는 임마누엘 하나님께서 그렇게 살 수 있도록 함께 하신다는 사실입니다. 곧 절대 기준이신 하나님이 내 안에 있을 때 어떤 상황에서도 실천할 수 있는 '절대 윤리'의 삶이 가능해지는 것입니다.

우선순위

여기서 언급되는 두 가지 덕목을 좀 더 자세히 생각해 보려고 합니다.

"무엇에든지 사랑받을 만하며"

"무엇에든지 칭찬받을 만하며"

크리스천은 세상을 살면서 사랑받고 칭찬을 들어야 합니다. 사랑할 뿐만 아니라 사랑받아야 하고, 칭찬할 뿐 아니라 칭찬받아야 할 책임이 있는 것입니다. 아내이든 남편이든, 자녀이든 부모이든 사랑받고 칭찬받아야 합니다. 직장인이든 사업가든, 교사이든 제자이든 어떤 직분과 위치에서든 사랑받고 칭찬을 들어야합니다.

우리는 사랑받고 칭찬을 들어야 할 책임이 있습니다. 분명히 말하지만 권리가 아니라 책임입니다. 책임을 다할 때 권위가 생기고 영향력을 미치게 되는 것입니다.

이 세상에서 잘 살기 위해 사람들이 구하는 것은 무엇일까요? 많은 것들이 있지만 대략 우선순위를 꼽아보자면 소유, 성공, 자아실현, 리더십, 윤리 등이 아닌가 싶습니다.

소유는 외적인 삶의 편안과 편리함을 제공해 줍니다. 또한 성공은 인정, 명예, 권력 등의 보상이 따릅니다. 자아실현은 내적인 성취감을 충족시켜 자신감을 북돋습니다. 리더십은 개인의 능력과 한계를 넘는 연합의 힘을, 또한 바라봄의 대상으로서의 자부심을 줍니다. 윤리는 의식과 덕망으로 상식의 세계를 초월하는 자로서의 명망을 얻습니다.

세상에서는 이 같은 요소를 갖춘 자들이 환영받고 존경받습니다. 이 중 한두 가지만 있어도 사람들의 인정과 지지를 받기 마련입니다.

하지만 크리스천은 이 같은 세상의 모습을 통찰하고 분별해야 합니다. 예수를 믿는 것은 세상에 살고 있지만 세상과 구분된 삶을 사는 것이기 때문입니다. 간혹 '축복'이란 명분으로 세상의 좋은 것을 얻기 위해 예수 믿는 사람들이 있습니다.

물론 크리스천이 세상 사람들보다 못나고 못살아야 한다는 말이 아닙니다. 그러나 소위 축복으로 불리는 세상의 기준들은 신앙의 본질이 아니라는 것입니다. 세상 것에 대한 추구가 믿음의 추구보다 강조된다면 교회의 본질은 상실될 수밖에 없습니다.

만약 교회를 다니는 성도임에도 불구하고 평안과 감사, 자유가 없다면 곰곰이 따져보아야 합니다. 잘못 구하고 있는 것은 아닌지, 무엇을 우선순위에 두는지, 무엇을 최고의 가치로 삼는지를 질문해야 하는 것입니다.

과연 크리스천의 우선순위, 절대 가치는 무엇입니까?

소유보다 존재를, 일보다 관계를, 성공보다 사명을, 리더십보다 팔로워십을, 경건보다 은혜를, 궁극적으로 세상보다 하나님 나라를 구하는 것입니다. 세상의 가치가 아니라 믿음의 가치를 모든 삶의 기준으로 삼는 것입니다.

아이러니하게도 세상은 복음을 알지 못해도 그리스도인이 따라야 할 절대 가치로 그리스도인을 평가합니다. 자신들은 소유, 성공, 자아실현, 리더십, 윤리를 추구하면서도 그것이 예수 믿는 자들의 우선순위가 아니라는 사실을 아는 것입니다. 그렇기에 크리스천이 세상의 가치를 추구하면 조롱과 비난을 던집니다.

그러면 세상 사람들에게 인정받기 위해 신앙의 삶을 살아야 합니까? 아닙니다. 바울이 권면한 "무엇에든지 사랑받을 만하며", "무엇에든지 칭찬받을 만하며"는 궁극적으로 사람 앞이 아니라 '하나님 앞에서' 사는 삶입니다.

누구나 원하고, 누구나 갖고 싶고, 누구나 이룰 수 있는 일은 구별된 가치가 아닙니다. 하나님 앞에서 하나님 나라의 절대 가치를 구할 때 세상에서도 칭찬받고, 권위 있는 교회가 되는 것입니다. 사도행전의 교회를 보십시오. 세상의 좋은 것이라고는 아무것도 없었지만 참된 그리스도인이요, 권위와 능력 있는 성도였습니다.

"베드로가 이르되 은과 금은 내게 없거니와 내게 있는 이것을 네게 주노니 나사렛 예수 그리스도의 이름으로 일어나 걸으라 하고 오른손을 잡아 일으키니 발과 발목이 곧 힘을 얻고"(행 3:6-7)

크리스천은 세상과 다른 기준을 갖고 사는 사람들입니다. 당신의 우선순위와 절대 가치는 무엇입니까?

본질을 구하라

자녀들과 대화를 나누다가 보면 종종 삶의 문제를 만나 어려움을 호소할 때가 있습니다. 저는 그럴 때마다 이렇게 답해 주곤 합니다.

"딸아, 네가 여기까지 온 것이 어디 네 능력 덕분이냐? 생각해 보면 하나님의 은혜가 아니겠니? 언제나 은혜를 잊지 말거라. 그리고 한 가지 기억할 것은 네가 잘하든 못하든 너는 나의 딸이다. 결과보다 과정 자체를 목적으로 삼거라. 부담 갖지 말고 즐겁게 살아라. 딸아, 사랑한다."

그러면 딸아이는 목사님 같은 말씀만 한다고 볼멘 소리를 하면서도 목소리가 밝아집니다.

분명 뜻을 정하고 절대 가치의 길을 걷는 크리스천에게도 낙심과 절망의 순간이 찾아올 것입니다. 그때마다 우리를 향한 하나님 아버지의 말씀은 동일합니다.

"얘야, 어떤 경우에도, 어떤 모습에도 너는 나의 사랑하는 자녀이다."

일찍이 이사야 선지자는 부모이신 하나님의 모습을 이렇게 표현했습니다.

"여인이 어찌 그 젖 먹는 자식을 잊겠으며 자기 태에서 난

아들을 긍휼히 여기지 않겠느냐 그들은 혹시 잊을지라도 나는 너를 잊지 아니할 것이라"(사 49:15)

앞서 '믿음은 회복의 능력'이라고 정의했습니다.

예수 잘 믿는다는 것은 실패하지 않는 것이 아니라, 빠르게 다시 회복하는 것입니다. 회복의 능력이 발휘되지 않는다면 믿음이 없거나 약한 것입니다. 그러므로 우리가 구해야 할 본질은 바로 '믿음'입니다.

믿음은 모든 우선순위를 하나님께 두는 것, 모든 것의 최고 가치를 하나님께 두는 의지적 결단입니다. 성경은 이렇게 기록합니다.

"너희는 먼저 그의 나라와 그의 의를 구하라 그리하면 이 모든 것을 너희에게 더하시리라"(마 6:33)

크리스천의 가장 어리석은 모습은 이 모든 것, 즉 세상의 가치들을 구하느라 정작 '그의 나라와 그의 의'를 놓치는 것입니다. 세상의 모든 것은 하나님 안에 있는 부수적인 것, 곧 '옵션'에 불과합니다. 언제나 본질은 하나님이십니다. 옵션은 하나님을 구하는 자에게 따라오는 보너스입니다.

이 모든 것은 오직 하나의 본질, 하나님을 깨닫게 하는 보조물에 불과하다는 사실을 잊지 말아야 합니다. 더 이상 옵션에 현혹되어 본질을 잃는 어리석은 사람이 되지 마십시오.

03

소유보다 존재를 구하라

　가족에게 버림받은 소년을 주인공으로 한 〈자전거 탄 소년〉이라는 영화가 있습니다. 이 작품은 주인공 소년 시릴과 그의 주변에 있던 다섯 부류의 인물들을 중심으로 이야기가 전개됩니다.

　먼저 소년의 아버지가 나옵니다. 그는 필사적으로 아버지를 찾아온 아들을 또다시 버리는 비정한 사람입니다. 또한 보육원 직원들이 있습니다. 그들은 애정보다 직업적 규율을 좇아 소년을 기계적으로 대하는 사람들입니다.

　마을의 불량배도 등장합니다. 그는 자신의 범죄에 시릴을 이용하고 버리는 악한입니다. 그리고 그 불량배에게 당한 피해를 시릴에게 되갚는 한 부자(父子)도 등장합니다.

이런 사람들 틈바구니에서 소년은 괴로워합니다.

마지막 한 부류의 사람은 글의 말미에 소개하겠습니다.

자기를 믿는 자

제각기 자기 기준으로 소년을 대하는 네 부류의 사람들이 어쩌면 오늘을 사는 나 자신, 우리의 모습이 투영된 것은 아닌지 묻게 됩니다. 신앙인들 역시 그리스도와는 전혀 상관없이 제 방식대로 살지 않는가 하는 물음입니다. 어찌 믿는 사람이 그렇게 사느냐고 하겠지만 오히려 자기 믿음 때문에 그렇게 삽니다. 오래 교회를 다녔지만, 심지어 모태신앙이지만 자기 생각대로, 자기 기준대로 믿습니다.

믿음은 삶의 모든 방식을 믿음의 최우선 가치를 기준 삼아 조정하는 것인데 말씀을 듣고 배웠어도 그중 자신에게 적합한 것을 취사 선택하는 게 문제입니다. 곧 자기신념과 자기신조를 그리스도에 대한 믿음이라고 착각하는 것입니다.

그러기에 삶 가운데 회개, 평안, 성숙, 성화가 일어나지 않습니다. 믿음의 연수만 늘고 나이만 들었지 성품과 처신은 그대로입니다. 결코 변하지 않는 것입니다.

도대체 무엇이 문제입니까? 믿음의 불변이 아닌 삶의 불변이 되는 현상을 어떻게 설명해야 합니까? 여러 가지 원인이 있겠지만 먼저는 기복신앙의 영향이 있습니다. 신앙의 목적은 복 받는 것이 아니라 말씀에 따라 나를 변화시키는 것임을 기억해야 합니다.

또한 바르게 믿는 모델을 보지 못한 영향이 있습니다. 기복신앙과 연관해서 말하자면 예수 믿고 복 받았다는 모델만 본 것입니다.

한 가지 더, 질문 없이 무조건 믿는 습관의 영향을 들 수 있습니다. 변화는 많은 생각이 아니라 깊은 생각에서 나옵니다. 성경말씀과 신앙 훈련은 무언가를 쌓는 도구가 아닌 자신을 깎는 도구입니다.

아울러 채우는 목적이 아니라 비우는 목적으로 삼을 때 삶의 변화가 오는 것입니다. 그렇다면 지금 당신의 신앙을 진단해 보십시오. 삶의 질을 변화시키기 위한 신앙입니까? 아니면 당신 자신을 변화시키는 신앙입니까?

"너희는 믿음 안에 있는가 너희 자신을 시험하고 너희 자신을 확증하라 예수 그리스도께서 너희 안에 계신 줄을 너희가 스스로 알지 못하느냐 그렇지 않으면 너희는 버림 받은 자니라"(고후 13:5)

소유추구의 불행

소위 황금률이라 불리는 마태복음의 산상수훈은 그리스도인의 바른 행복관, '존재(being)추구의 삶'에 대한 가르침입니다. 오늘날 세상은 '소유'로 인생의 가치를 평가합니다. 그러나 크리스천은 소유보다 존재에 우선순위를 두어야 합니다.

사실상 크리스천이라는 이름 자체가 물질이 아닌 그리스도의 존재를 드러냅니다. 곧 그리스도가 모든 가치의 우선 기준이라는 것입니다. 세상은 '소유'가 행복의 기준이라고 말하지만 과연 그렇습니까? 도리어 소유를 추구할 때 오는 불행의 요소를 생각해 보십시오.

소유에 따른 불만입니다.

인간은 소유만으로 절대 만족할 수 없습니다. 더 많이 더 풍족하게 가지려고 하지만 그럴수록 더 불만이 가득할 뿐입니다. 그만큼 소유하고 누렸으면 만족할 만한데 아무리 많이 가졌어도 남들이 가진 한 가지가 없으면 불만족인 것입니다. 달나라와 우주까지 삶의 공간으로 인식하는 인간의 욕구를 어떤 물질로 가득 채울 수 있단 말입니까? 소유는 소금기 가득한 바닷물과 같아서 마실수록 갈증만 더 심해질 뿐입니다.

소유에 따른 불안입니다.

소유가 충족되는 순간 느끼는 심리가 있는데 바로 불안입니다. 언제 사라질지 모르는 소유에 대한 불안감입니다. 공짜 없는 세상에서 소유를 쌓기까지 얼마나 고생했겠습니까? 그러니 소유가 사라진 상태로 돌아가는 것은 상상하기도 끔찍한 일입니다. 뿐만 아니라 소유를 빼앗길까 두려워 사람과의 관계도 일정 선을 긋게 됩니다. 자연히 진실한 사귐으로 말미암는 우정과 사랑, 신뢰 관계를 맺기 어려워지는 것입니다.

소유에 따른 상실입니다.

문제는 지키려고 할수록 파괴적인 소유의 성향에 있습니다. 부모자식 간에, 형제자매 간에, 친구동료 간에, 심지어 교회 안에서도 소유로 인한 분쟁이 얼마나 흔한 일인지 모릅니다. 소유를 상실하기 이전에 이미 돈으로도 살 수 없는 소중한 것들을 잃게 되는 것입니다. 이 같은 허탄함을 성경은 이렇게 경고합니다.

"어리석은 자여 오늘 밤에 네 영혼을 도로 찾으리니 그러면 네 준비한 것이 누구의 것이 되겠느냐"(눅 12:20)

이 시대의 정의에 대한 화두로 주목을 받았던 마이클 샌델은 말합니다.

"현대사회의 뚜렷한 특징 가운데 하나는 시장원리가 과거에는 비시장 규범에 지배받던 삶의 영역들까지 파고들고 있다는 점이다."

곧 서로 상용하고 소통의 편리를 위해 시장에서 사용되던 '돈'이 모든 삶을 지배하는 수단이 되어 공동체와 사회, 국가 간의 소통을 상실시키는 주범이 되고 있다는 것입니다. 성경이 가르치는 소유의 정당성은 채움이 아니라 나눔에 있습니다.

당신의 삶에 불만, 불안, 상실이 나타납니까? 그렇다면 그것은 소유추구의 삶에서 오는 징후임을 깨달아야 합니다.

존재추구의 행복

이상과 같이 소유추구의 삶이 궁극적인 행복을 보장하지 못한다면 우리는 존재추구의 삶을 생각해 보아야 합니다. 성경은 산상수훈의 팔복을 통해 존재추구의 삶의 원리를 제시합니다. 팔복은 인간의 근원적인 여덟 가지 '행복'의 길이라고 정의할 수 있습니다.

그러면 이 팔복의 삶은 우리를 어떤 존재로 이끄는 것일까요? 팔복의 특성을 살펴보면 그것이 추구하는 삶의 방향을 가늠할 수 있을 것입니다.

　첫째, 팔복은 거듭난 자의 성품입니다.
　이는 훈련이나 구도에 의해 연마된 고상한 성품이 아닙니다. 예수를 그리스도로 고백한 이들에게 성령께서 부어주시는 영적 성품입니다. 그리스도를 주인으로 고백하고 사모하며 따르는 자에게 주시는 하나님의 성품인 것입니다.
　또한 일상에서 주의 뜻을 이루어 갈 수 있도록 성령에 의해 변화된 그리스도의 성품입니다. 거듭난 성품 없이 우리는 일상에서 하나님의 뜻을 이루어 갈 수 없습니다.
　이는 성품이 좋은가 안 좋은가, 온화한가 괴팍한가를 따지는 것이 아니라 하나님의 뜻을 분별하는 것을 말합니다. 우주 만물의 창조주이신 하나님의 뜻을 분별하는 자는 세상 무엇에도 흔들리거나 갈등하지 않는 행복을 누릴 수 있습니다.
　"너희는 이 세대를 본받지 말고 오직 마음을 새롭게 함으로 변화를 받아 하나님의 선하시고 기뻐하시고 온전하신 뜻이 무엇인지 분별하도록 하라"(롬 12:2)

　둘째, 팔복은 평생 자라 가야 하는 성품입니다.
　팔복이 기록된 순서는 매우 의미심장합니다. 마치 여덟 층으로 지어진 집과 같습니다. 먼저 심령이 가난한 자가 되어야 애통으로, 온유로, 의에 주림으로, 긍휼로, 화평으로, 청결로, 의를 위한 핍박의 단계로 나아갈 수 있습니다. 훈련을 통해 우리는 순차적이고 점진적으로 온전한 그리스도의 성품을 형성해 갑니다.

기도와 말씀이 기초가 된 의지적 훈련에 더하여 그리스도의 영, 성령의 도우심을 받을 때 우리는 일평생 자라 갈 수 있습니다. 그리하여 마침내 그리스도의 장성한 분량, 곧 하나님의 분량에 이르는 성숙의 행복을 맛볼 수 있게 됩니다.

"우리가 다 하나님의 아들을 믿는 것과 아는 일에 하나가 되어 온전한 사람을 이루어 그리스도의 장성한 분량이 충만한 데까지 이르리니 이는 우리가 이제부터 어린 아이가 되지 아니하여 사람의 속임수와 간사한 유혹에 빠져 온갖 교훈의 풍조에 밀려 요동하지 않게 하려 함이라"(엡 4:13-14)

셋째, 팔복은 온전한 사랑을 지향하는 성품입니다.
팔복의 전반부에 기록된 가난, 애통, 온유, 의에 주리고 목마름이 하나님과의 관계에 중심을 둔다면 후반부의 긍휼, 청결, 화평, 핍박은 사람과의 관계에 비중을 두고 있습니다. 이는 전반 네 개의 복이 뿌리요 후반 네 개의 복이 열매가 된다고 비유할 수 있습니다.

이 원리에 따르면 심령이 가난한 자의 열매는 긍휼, 애통의 열매는 청결, 온유의 열매는 화평, 의에 주리고 목마른 열매는 핍박입니다. 곧 하나님과의 사랑의 관계가 우선될 때 그 열매로 사람 사랑 또한 나타나는 것입니다. 성경은 이렇게 기록합니다.

"사랑은 여기 있으니 우리가 하나님을 사랑한 것이 아니요 하나님이 우리를 사랑하사 우리 죄를 속하기 위하여 화목 제물로 그 아들을 보내셨음이라 사랑하는 자들아 하나님이 이 같이 우리를 사랑하셨은즉 우리도 서로 사랑하는 것이 마땅하도다"(요일 4:10-11)

존재추구의 시작

팔복을 통해 나타나는 행복한 크리스천의 모습은 이렇습니다. 하나님과의 관계에 있어 작은 일에도 먼저 주의 뜻을 묻습니다. 자신과의 관계에서는 나이가 들수록 성품이 점점 더 사랑스러워집니다. 이웃과의 관계는 누구에게든지 상대를 먼저 배려합니다.

이 같은 성품은 자신뿐만 아니라 모두를 행복하게 하는 매력 있고 강건한 존재로서의 모습입니다. 비로소 사람들은 누구나 그를 예수 잘 믿는 사람으로서 '크리스천'이라고 부르게 될 것입니다.

진정 행복한 사람이 되길 원하십니까? 무엇보다 잊지 말아야 할 것은 팔복이 가난한 심령에서 시작된다는 사실입니다.

"심령이 가난한 자는 복이 있나니 천국이 그들의 것임이요" (마 5:3)

심령의 가난은 자신의 무가치성을 철저히 깨닫는 것입니다. 다시 말해 혼자 힘으로 도저히 살 수 없는 무력의 상태입니다. 그래서 고백할 수밖에 없습니다.

"나는 죄인입니다. 나는 아무것도 아닙니다. 나는 비천한 자입니다. 하나님 밖에는 나를 도와줄 자가 없습니다."

오직 하나님만 바라보고 하나님만 의지하는 것입니다. 시편 기자는 심령의 가난함을 이렇게 고백합니다.

"나는 가난하고 궁핍하오나 주께서는 나를 생각하시오니 주는 나의 도움이시요 나를 건지시는 이시라 나의 하나님이여 지체하지 마소서"(시 40:17)

팔복의 삶은 복을 구하지 않습니다. "의인이 되고 싶다. 인정받고 싶다. 명예를 얻고 싶다. 부자가 되고 싶다. 하나님의 도움으로 강해지고 싶다"가 아닙니다. 도리어 세상의 모든 복을 내려놓는 것입니다. 아니, 스스로 복 받을 자격 없음을 인정합니다. 요청이 아니라 하나님 앞에서 자기 자신을 가감 없이 철저히 내려놓는 용기입니다. 열매는 나의 요구가 아니라 하나님의 선한 뜻으로 주어지는 것이기 때문입니다.

사랑, 존재의 궁극

서두에 언급한 〈자전거 탄 소년〉의 이야기로 돌아가 봅니다.

자기감정과 욕심을 기준 삼아 함부로 사람을 대하는 세상 속에서 시릴은 점점 더 방황하고 난폭해집니다. 하지만 영화는 해피엔딩입니다. 아직 다섯 번째 사람이 남았기 때문입니다.

보호기관에 맡겨진 시릴은 우연한 기회에 위탁모를 만나게 됩니다. 주말 보호자를 자처한 위탁모는 무조건적 배려로 시릴을 감싸기 시작합니다.

여인은 소년을 위해 어떤 손해도 마다하지 않았습니다. 소년을 용납하지 못한 애인과 헤어져야 했고, 반항하는 소년의 칼에 상해를 입기도 합니다. 그녀의 온갖 노력에도 불구하고 소년은 그녀를 떠나 범죄자가 되었습니다. 하지만 그 누구도 자신을 받아 주지 않는 절망의 끝에서 소년은 그녀에게 돌아와 고백합니다.

"당신하고 살고 싶어요. 나를 받아주세요."

여인은 기다렸다는 듯이 소년을 와락 안아줍니다. 기나긴 장마 끝에 찾아온 햇살처럼 환하게 웃음지으며 하이킹을 즐기는 두 사람의 모습이 오랜 여운으로 남습니다.

영화가 던지는 메시지는 소유추구의 세상이 아닌 존재추구의 행복한 인생에 대한 변론인 듯합니다.

영화는 그녀가 어째서 그런 사랑을 베푸는지, 그녀의 삶의 배경에 어떤 이유가 있는지를 설명하지 않습니다. 그것은 영화를 보는 관객의 몫으로 남습니다. 관객은 질문할 것입니다.

그녀와 같은 사랑이 과연 가능할까? 그녀도 어린 시절에 누군가에게 아낌없는 사랑을 받았을까? 나는 저렇게 사랑하고 있는가? 나는 제대로 사랑받고 있는가?

그 어떤 질문의 현실적 여부를 떠나 영화는 '사랑'을 이야기할 뿐입니다. 작가의 의도는 알 수 없지만 저는 영화를 보는 내내 인류의 위탁모를 자처하신 예수님이 떠올랐습니다. 방황하는 시릴과 같은 나의 모습, 그런 나를 무조건적인 사랑으로 안아주시는 주님의 모습을 보게 됩니다.

행복은 결코 그냥 오지 않습니다. 누군가의 '계산하지 않는 배려'가 먼저 있었기에 가능합니다. 부모님이 있었고, 가족이 있었고, 스승, 선배 등 누군가 나보다 먼저 스스로 가난을 자청한 사랑이 있었다는 것입니다.

인터넷 SNS에 올라온 한 청년의 글에 눈길이 갑니다.

어릴 적 놀이동산에 놀러 가면 어머니는 항상 같이 타시지 않으셨다. 동생과 내가 놀이기구를 타는 동안 다음 놀이기구로 미리 가서서 우리를 위해 줄을 서 주셨고 우리가 도착하면 또 다음 장소에 가서 줄을 서 주셨고, 또 줄을 서 주셨다. 어머니와 함께 놀이기구를 탄 기억이 없다. 어머니는 그저 놀이기구를 무서워하시는 줄 알았다. 어렸을 때의 기억들 하나하나에서 이제야 조금씩 깨닫게 되는 어머니의 모습을 가슴에 그려 넣는다. 하지만 아직까지 그런 어머니의 마음이 온전히 이해되지는 않는다. 그저 이게 사랑이구나 싶다.

'이해타산의 소유'를 구하지 않고 사람 그 자체를 그대로 받아주는 누군가의 존재추구가 있었기에 오늘의 내가 있습니다. 무엇보다 이 존재추구의 절정에 그리스도의 십자가가 있습니다. 나의 어떤 죄악에도, 반항에도, 거스름에도 나 없이는 못 살 것처럼 나를 찾아 하나님이신 예수 그리스도가 세상에 오셨습니다.

그리고 십자가에 죽으심으로 나를 살린 것입니다. 성경은 하나님께서 세상과 나를 그토록 사랑하셨다고 기록합니다.

"하나님이 세상을 이처럼 사랑하사 독생자를 주셨으니 이는 그를 믿는 자마다 멸망하지 않고 영생을 얻게 하려 하심이라"(요 3:16)

소유추구가 진리라면 예수 그리스도는 세상에 오지 말았어야 합니다. 하나님과 동등한 위치, 동등한 권세, 누리고 있는 모든 것을 버리고 이 땅에 오시면 안 되는 것입니다. 그런데 그분이 오셨습니다. 천지를 지으시고 다스리시는 하나님께서 '사랑'을 위해 아낌없이 자기 존재를 내어 놓으신 것입니다.

죄인된 존재를 의의 존재로 바꾸기 위해서입니다. 그리스도께서 목숨 걸고 존재를 추구하셨다면 그분을 따르는 그리스도인 역시 목숨 걸고 존재를 추구하며 사는 것이 당연하지 않습니까?

당신은 어떻게 살고 있습니까? 불만, 불안, 상실로 괴로워하지 않습니까? 매일의 일상 속에서 팔복의 행복을 누리고 있습니까? 존재추구의 시작은 언제나 가난한 마음에서 비롯됨을 기억하십시오. 소유가 아니라 버림입니다.

"심령이 가난한 자는 복이 있나니 천국이 그들의 것임이요"(마5:3)

04

일보다 관계를 구하라

하루는 선배 목사님과 약속을 잡고 교회 인근 카페에서 만나기로 하였습니다. 생각보다 조금 일찍 도착하여 책을 읽으며 기다리는데, 바로 옆 테이블에서 나이 지긋한 어르신들의 대화가 들려왔습니다.

사업 이야기를 하시나 했더니 대뜸 '장로'라는 호칭에 귀가 솔깃해졌습니다. 어르신은 흥분한 어조로 자신이 교회 장로에게 돈을 빌려줬는데 못 받고 있다며 욕설을 퍼붓습니다.

"그 친구 장로라는데, 나 참 장로 XX들, 순 허풍만 떨고 도대체 믿을 수 있어야지."

그 말을 듣던 상대방도 맞장구를 칩니다.

"말하면 뭐해? 요즘 목사도 그런 XX가 많단 말이야."

저도 모르게 읽고 있던 신앙서적을 슬며시 내려놓고 한참을 당혹스러워 할 수밖에 없었습니다.

크리스천 수난시대

기독교가 환영받지 못하는 안티 기독교 시대입니다. 도대체 크리스천들이 욕먹는 이유가 무엇 때문일까 고민해 봅니다. 복음은 본질상 빛이기에 세상 어둠의 세력으로부터 욕먹고 핍박받는 것은 당연한 일입니다.

그러나 크리스천이 오늘날 욕먹는 것은 전혀 반대의 이유인 듯합니다. 세상에 빛과 소금이어야 할 우리가 그 빛과 맛을 잃어버렸기 때문입니다. 그래서 핍박이 아니라 조롱받고 무시당하는 것입니다. 크리스천의 모습을 적나라하게 고발하는 〈밀양〉과 〈도가니〉라는 영화는 그 흥행만큼이나 사회적 이슈가 되기도 했습니다.

철저한 회개는 없고 죄를 용서받았기에 당당하다는 범죄자의 뻔뻔스러움, 말은 거룩한데 삶은 지극히 이기적이고 부도덕한 이중성, 상식을 벗어난 자기중심적 판단, 무조건 하나님이 내 편을 들어주신다는 독선과 오만 등이 손가락질의 이유입니다.

다른 이들을 논하기에 앞서 크리스천의 이름표를 가진 바로 제 자신을 향한 지적임을 고백합니다. 참으로 부끄럽고 하나님께 죄송할 뿐입니다. 주님은 거룩한 삶이 없는 명목상의 크리스천들에게 이렇게 경고하신 바 있습니다.

"이러므로 그들의 열매로 그들을 알리라 나더러 주여 주여 하는 자마다 다 천국에 들어갈 것이 아니요 다만 하늘에 계신 내 아버지의 뜻대로 행하는 자라야 들어가리라"(마 7:20-21)

관계 지향의 삶

어째서 이렇게 크리스천의 위상이 바닥을 치게 되었을까요? 사람의 됨됨이는 '성품'을 통해 드러납니다. 결국 크리스천에게 마땅히 있어야 할 그리스도의 성품이 없기 때문입니다.

그리스도의 성품은 그리스도를 매순간 믿고, 따르고, 닮으려는 의지적 순종의 삶을 통해 함양됩니다. 예수를 믿는다는 것은 '일'이 아니라 '관계' 중심의 삶입니다. 예배, 기도, 찬양, 봉사, 헌신, 선교는 '일'이 아니라 하나님, 나 자신, 이웃, 세상과 '바른 관계'를 맺는 통로인 것입니다.

그러면 어떻게 그리스도의 성품을 닮은 관계추구의 삶을 살 수 있습니까? 이에 대한 근원적이고 핵심적인 해답 역시 산상수훈의 팔복에서 얻습니다. 팔복은 예수 그리스도의 '성품'을 요약 정리한 것이라고 할 수 있습니다.

심령의 가난, 애통, 온유, 의에 주림, 긍휼, 청결, 화평, 의로 인한 핍박, 이는 그리스도의 성품인 동시에 그리스도인이라면 누구나 소유해야 할 성품이기도 합니다. 곧 거듭난 사람들이 평생 구하고 훈련하고 자라가야 할 거룩하고 온전한 사랑의 성품입니다.

주님의 팔복 선언은 이렇게 정리해서 해석할 수 있습니다.

"너희가 진정 복된 크리스천이 되기 원하느냐, 소유보다 존재를 구하라."

여기서 존재됨은 성품으로 나타납니다. 성품은 관계 속에서 드러나는 성향입니다. 우리는 흔히 하나님의 일에 대한 오해 또는 유혹을 갖고 있습니다. 할 수 있는 대로 하나님을 위하여 많은 일, 큰일을 하고자 하는 마음입니다.

그러나 하나님의 뜻은 '일'에 있지 않고 '관계'에 있습니다. 일을 통해 하나님과 더 가까운 관계가 될 수 있습니까? 일을 통해 사람을 더 배려하게 됩니까? 도리어 일 때문에 하나님을 멀리하게 되고, 일 때문에 사람을 무시하기 쉽습니다. 그래서 목회자로서 늘 스스로를 일깨웁니다.

"바쁜 목사는 나쁜 목사이다."

예수님은 대중들의 열광적인 지지 속에서도 언제나 묵묵히 일을 떠나 한적한 곳으로 이동하셨습니다(마 4:25, 5:1). 그리고 아버지의 이름을 부르며 친밀한 관계 속으로 깊이 들어가셨습니다.

팔복의 관계

앞에서 팔복의 전반부 네 가지 성품과 후반 네 가지 성품이 병행 관계 속에서 진행됨을 언급했습니다. 팔복은 프리즘처럼 다양한 빛의 색깔을 보여줍니다. 이는 팔복이 그리스도의 속성을 나타내기 때문입니다.

그리스도는 본질적으로 하나님과 동일한 분이시기에 온 우주 만물을 품은 전능자의 속성을 공유하십니다. 따라서 우리가 계속해서 살펴보게 될 팔복은 크리스천의 삶 모든 영역에 적용될 수 있는 신앙의 원석이라 할 것입니다.

팔복에서 배우는 관계의 원리는 다음과 같습니다.

심령의 가난과 긍휼
"심령이 가난한 자는 복이 있나니 천국이 그들의 것임이요"
(마 5:3)

"긍휼히 여기는 자는 복이 있나니 그들이 긍휼히 여김을 받을 것임이요"(마 5:7)

심령의 가난은 먼저 나 자신과의 관계입니다. 나 자신이 철저히 무가치한 자요, 무능하고 무력한 자이기에 하나님의 큰 은혜가 없이는 살 수 없다는 인식입니다. 은혜 입은 자가 과연 누구를 판단하고 정죄할 수 있겠습니까? 그로 인해 나 자신을 비롯한 모든 관계 속에서 '긍휼'의 성품을 갖게 되는 것입니다.

긍휼은 불쌍하고 가엾게 여겨서 도와주는 행동을 뜻합니다. 여기서 중요한 것은 긍휼이 감정에 머무르지 않고 '도움의 행동'으로 나타난다는 것입니다. 긍휼과 동정의 차이는 그 동기가 '나의 가난함'에서 비롯되는가, 아니면 '타인의 가난함'에서 시작되는가에 있습니다.

다시 말해 동정은 다른 사람이 나보다 더 어렵고 가난한 처지에 있음을 보는 것에서 시작하지만 긍휼은 '내가 얼마나 가난한 자인데 이런 은혜를 누리는가'에 대한 자각, 곧 나 자신의 가난함에서 출발합니다.

긍휼의 근원은 가난한 나에게 한없이 베풀어 주신 하나님의 긍휼입니다. 선지자 예레미야는 멸망할 세대 속에서 살아

눈뜨는 매일의 아침이 여호와의 긍휼하심에 있음을 이렇게 고백합니다.

"여호와의 인자와 긍휼이 무궁하시므로 우리가 진멸되지 아니함이니이다 이것들이 아침마다 새로우니 주의 성실하심이 크시도소이다"(애 3:22-23)

애통과 청결

"애통하는 자는 복이 있나니 그들이 위로를 받을 것임이요" (마 5:4)

"마음이 청결한 자는 복이 있나니 그들이 하나님을 볼 것임이요"(마 5:8)

애통은 죄와의 관계입니다. 죄의 본성으로 인해 주님의 뜻대로 살지 못하는 것에 대한 탄식인 것입니다(시 42:3). 하지만 탄식의 결과가 자기연민이나 자포자기로 나타나는 것은 죄에 대한 바른 자세가 아닙니다.

꾸준히 지속적으로 죄에 더럽혀진 부분들을 하나씩 청소해 나가는 청결의 행동이 애통의 바른 결과입니다. 주체할 수 없는 슬픔과 뼈를 깎는 듯한 고통의 과정 속에 더 이상 머무를 수 없다는 결단이 있어야 합니다. 이미 승리하신 주님을 의지하여 죄의 사슬을 끊고 더러움을 씻어낼 때 비로소 위로하시는 하나님의 얼굴을 보게 되는 것입니다.

오래전 형을 배신했던 야곱은 형과의 재회를 앞두고 자신의 죄로 인해 밤새도록 애통하며 천사와 씨름합니다. 새로운 삶이 시작되는 순간입니다. 애통하던 마음이 하나님의 용서로 청결해지고 모든 일상 가운데 하나님 임재를 보고 느끼게 된 것입니다. 마침내 외치는 그의 고백을 들어보십시오.

"내가 형님의 얼굴을 뵈온즉 하나님의 얼굴을 본 것 같사오며 형님도 나를 기뻐하심이니이다"(창 33:10)

온유와 화평

"온유한 자는 복이 있나니 그들이 땅을 기업으로 받을 것임이요"(마 5:5)

"화평하게 하는 자는 복이 있나니 그들이 하나님의 아들이라 일컬음을 받을 것임이요"(마 5:9)

온유는 사람과의 관계입니다. 인간의 죄성이 해결될 때 성령께서는 짐승처럼 거친 성질을 만지고 다듬으셔서 절제와 부드러움으로 채우십니다. 성령의 손길로 변화된 성품이 바로 온유입니다. 온유는 부드럽게 흡수되는 특성으로 인해 어떤 곳에도 경계 없이 스며들어 자리를 차지합니다. 그것이 바로 땅을 기업으로 차지하는 온유의 열매입니다.

이는 누구에게든지 화평의 복음을 전하는 삶을 살게 되는 크리스천의 삶과도 연결됩니다. 곧 언제 어디에서든 그리스도의 형상을 닮은 존재로 인정받으며 영향력을 미치게 되는 것입니다. 그래서 복음 전함에 담대했던 사도 바울 역시 인간관계에 있어서는 온유로 대했음을 스스로 밝힙니다.

"너희를 대면하면 유순하고 떠나 있으면 너희에 대하여 담대한 나 바울은 이제 그리스도의 온유와 관용으로 친히 너희를 권하고"(고후 10:1)

의의 주림과 의로 인한 핍박

"의에 주리고 목마른 자는 복이 있나니 그들이 배부를 것임이요"(마 5:6)

"의를 위하여 박해를 받은 자는 복이 있나니 천국이 그들의 것임이라"(마 5:10)

의의 주리고 목마름은 하나님과의 관계입니다. 의로우신 그리스도로부터 나오는 생수를 맛본 자는 거룩한 중독 현상이 나타납니다. 그 어떤 것으로도 해갈되지 않는 목마름을 느끼게 되는 것입니다. 그 생수를 마시고 영원히 배부른 특권으로 인해 어떤 위협과 핍박에도 굴하지 않습니다.

이 배부름은 하나님의 자녀로서 누리는 충만입니다. 그리스도로 말미암은 생수를 마신 자는 주와 함께 고난의 잔도 기꺼이 마실 수 있습니다. 눈앞에 펼쳐지는 그리스도의 충만과 영광이 너무 크고 놀라워 그 어떤 고난도 기꺼이 감내할 수 있는 것입니다.

"자녀이면 또한 상속자 곧 하나님의 상속자요 그리스도와 함께 한 상속자니 우리가 그와 함께 영광을 받기 위하여 고난도 함께 받아야 할 것이니라 생각하건대 현재의 고난은 장차 우리에게 나타날 영광과 비교할 수 없도다"(롬 8:17-18)

이상의 내용을 정리해 봅시다.

팔복은 관계의 원리를 제시합니다.

- 나 자신과의 관계 – 자신의 비천함을 알기에 모든 것을 긍휼로 여깁니다.
- 죄와의 관계 – 회개의 애통으로 인해 양심이 청결해져 작은 죄에도 민감해집니다.
- 사람과의 관계 – 성령이 주신 온유함으로 어디서든 평화의 사도로 삽니다.

- 하나님과의 관계 – 그리스도와 일치됨으로 어떤 시련도 감내하고 이겨냅니다.

이것이 일보다 관계 중심으로 사는 크리스천의 삶의 원리입니다. 이 같은 팔복의 관계가 당신의 삶 속에 나타나고 있습니까? 당신의 신앙생활은 일입니까 관계입니까? 그것을 가늠할 수 있는 가장 쉬운 예는 직분에 대한 태도입니다.

신앙생활을 일로 하는 사람은 집사, 교사, 장로, 목회자 등의 직분을 '힘'의 통로로 여깁니다. 곧 일을 위해 힘쓰는 위치가 되는 것입니다. 그러나 신앙생활을 관계로 하는 사람은 직분이 '섬김'의 통로가 됩니다.

직분의 범위만큼 자신을 낮은 자리에 두는 것입니다. 교사라면 제자들 아래에, 장로라면 직분자들 아래에, 목회자라면 하나님과 모든 성도들 아래 자신의 위치를 두고 그리스도의 삶을 실천해야 합니다.

이처럼 신앙생활을 '관계'로 이해한다면 결코 직분이 있고 없음으로 인해 자랑하거나 위축될 수 없습니다.

상식을 넘어서

중국 복음화의 선구자로 불리는 워치만 니는 저서를 통해 이런 이야기를 들려줍니다.

어느 해 여름, 심한 가뭄이 들었습니다. 다행히 한 크리스천 농부의 논엔 아직 얼마간의 물이 있었습니다. 그런데 밤이 지나고 나니 이웃의 논으로 물이 빠져나간 것 아닙니까. 불쾌해진 농부는 이웃 농부에게 따졌습니다.

"왜 우리 논의 물을 빼 가는 거요?"

그리고는 다시 물을 빼 왔습니다. 그런데 이튿날 나가보니 또 다시 논에 물이 빠져있습니다. 그러기를 벌써 몇 차례, 그는 평안을 잃고 분노에 찬 마음으로 기도합니다.

"하나님, 제가 정당한 일을 하는데 왜 평안이 없습니까? 내가 옳은 것 아닙니까?"

주께서 말씀하십니다.

"얘야, 너는 언제까지 옳고 그름만 따지겠느냐? 위대한 일은 할 수 없겠니?"

주님의 음성을 들은 그는 늦은 밤 논으로 나갔습니다. 그리고는 자기 논의 물을 빼서 이웃 논에 대주었습니다. 흘러가는 물소리를 들으며 그는 마음속에 한없는 기쁨이 솟아오르는 것을 느꼈습니다.

크리스천이 된다는 것은 '상식을 넘어' 살겠다는 선언입니다. 옳고 그름을 따지는 것은 굳이 크리스천이 아니어도 누구나 할 수 있습니다. 복음은 상식, 그 이상을 요구합니다. 누군가 오른뺨을 때리면 왼뺨을 돌려대어야 하고, 속옷을 달라고 하면 겉옷까지 주어야 하며, 오 리를 가자고 하면 십 리를 동행하는 위대함이 영혼을 살리는 것입니다.

당신은 복음을 위해 손해 본 적이 있습니까? 기억하십시오. 그리스도는 우리를 살리기 위해 손해가 아니라 죽임까지 당하셨습니다. 하나님께서 옳고 그름을 따지셨다면 우리는 결코 살 수 없습니다. 팔복의 관계는 상식을 넘어 위대함을 따르는 원리입니다. 그리스도께서 상식을 넘어 위대함을 좇아 당신을 살리셨습니다. 그렇다면 당신은 어떤 길을 택하겠습니까?

05

성공보다 사명을 구하라

어느 교회의 담임목사님이 은퇴하는데 퇴직금에 대한 이견으로 교회에 내분이 생겼다는 소식을 들었습니다. 소식을 전해 주시던 장로님께서 무심코 "목사가 어찌 그리 욕심이 많으냐"고 한탄을 하셨습니다.

설교는 "공중의 새를 보라. 들의 백합화를 보라. 하나님께서 다 먹이신다. 염려하지 말라"고 하면서 정작 퇴직금으로 갈등을 빚는 목사의 모습에 속상하신 모양입니다. 그저 묵묵히 듣고 있다가 이렇게 말씀드렸습니다.

"죄송합니다. 저는 안 그러겠습니다."

목사님 앞에서 쓸데없는 이야기를 했다며 겸연쩍어하시는 장로님 모습에 저는 더 부끄러웠습니다.

믿음의 가면

예수 신앙을 무엇이라고 생각하기에 크리스천들의 갈등이 믿지 않는 사람들과 별반 다르지 않은 걸까요? 돈, 직분, 명예 때문에 싸우고 법정에 서는 일은 이제 교회에서 흔한 일이 되었습니다. 백 번 양보하여 말해도 이렇게 정의할 수밖에 없을 듯합니다.

"종교적 열정은 있으나 예수를 안 믿는 것이다."

지나친 발언이라고 반론할지 모릅니다. 하지만 작금의 행태는 분명 예수 신앙을 오해한 것입니다. 기독교 신앙의 핵심은 예수를 그리스도로 고백하고, 십자가 부활 사건에 나를 동일시하는 것입니다. 곧 십자가 부활 사건이 나의 실존적 사건이 되어 그리스도의 성품과 정신, 가치를 쫓아 '그리스도처럼' 살아가는 것입니다.

하지만 이 같은 신앙의 본질을 잃어버리면, 예수 신앙이 성공과 축복의 수단으로 전락하고 맙니다. 목사로서 자백하건대 우리는 오랫동안 예수 신앙을 잘못 전했고, 잘못 배웠고, 잘못 알았고, 잘못 시도했습니다. 이제라도 바로 알고 바로 믿어야 합니다. 그리하여 사도 바울처럼 당당히 외치고 싶습니다.

"형제들아 무엇에든지 참되며 무엇에든지 경건하며 무엇

에든지 옳으며 무엇에든지 정결하며 무엇에든지 사랑 받을 만하며 무엇에든지 칭찬 받을 만하며 무슨 덕이 있든지 무슨 기림이 있든지 이것들을 생각하라 너희는 내게 배우고 받고 듣고 본 바를 행하라 그리하면 평강의 하나님이 너희와 함께 계시리라"(빌 4:8-9)

성공의 불행

사람들은 누구나 성공하기 원합니다. 그런데 그 성공이 과연 진정한 성공인가를 묻고 싶습니다. 성공의 사전적 의미는 '목적을 이룸'입니다. 결국 목적이 어떠한가에 따라 이룬 것의 의미도 달라지는 것입니다.

바른 목적은 바른 방향입니다. 방향이 바르면 늦고 빠름은 있을 수 있어도 궁극에는 그 지점에 도달하기 마련입니다.

또한 방향은 처음부터 마지막까지의 전 과정을 포함하기에 결과에만 치중하지 않습니다. 소위 말하는 '강남 땅 부자'의 성공이 왜 비꼼의 단어가 되었습니까? 과정에 상관없이 결과만을 중시하며 소유를 추구했기 때문입니다. 존재됨이 없는 소유추구의 성공은 성공의 부작용, 혹은 오용과 남용, 악용을 발생시킵니다. 이 같은 소유추구의 성공은 다음과 같은 특징을 갖습니다.

목표 설정이 허무합니다.

성공의 기준이 모호하다는 것입니다. 남들은 성공했다고 하는데, 정작 성공했다는 사람은 보기 드뭅니다. 성공을 향해 온 힘과 일생을 걸고 달려왔는데 막상 그 지점에 도달하니 허무할 뿐입니다. 돌이키려 해도 이미 돌이킬 수 없는 시점에 서야 그 목표가 잘못되었음을 알게 되는 것입니다. 한마디로 '성공한 실패자'입니다.

무한대 야망입니다.

소유추구의 성공을 꾀하는 사람은 겉으론 고상한 척할 수 있지만 실상은 그 마음에 탐욕이 도사리고 있습니다. 탐욕은 채워도, 채워도 만족할 수 없는 소원입니다. 마치 신기루 같아서 그곳에 도달하면 저 멀리 멀어지고 또다시 다가갔나 싶으면 멀리서 손짓합니다.

결국 쳇바퀴 같은 야망 위에서 지쳐 쓰러질 때까지 질주하는 것입니다. 그러는 가운데 사랑, 우정, 은혜, 신앙, 시간, 건강 등 인생의 소중한 가치들을 다 잃어버리고 지는 해를 바라보며 눈물짓게 됩니다. 성공을 위한 무한질주는 죽음에 이르러야 끝이 나는 것입니다.

치열한 경쟁구도입니다.
경쟁에서 이기지 못하면 목표를 이루는 것은 물론 살아남기도 어렵습니다. 경쟁의 세계에서는 인정사정이 없습니다. 부모도, 형제도, 친구도 없습니다. 경쟁에서 무조건 이겨야 살아남습니다.

문제는, 아직 살아남았다고 해도 언제 탈락할지 모른다는 사실입니다. 그래서 불안할 수밖에 없습니다. 하지만 분명한 것은 언제든지 반드시 한번은 탈락하게 된다는 사실입니다. 탈락은 배신감, 패배감, 허무감, 우울증으로 이어질 수밖에 없습니다.

결국 둘 중 하나가 남을 뿐입니다.

"불만인가, 불안인가?"

성공을 이루지 못하면 불만이고, 성공한 순간부터 불안입니다. 성경은 소유추구의 성공에 대해 이렇게 경고합니다.

"그는 아무리 가져도 만족하지 못한다 탐욕에 얽매여 벗어나지를 못한다 먹을 때에는 남기는 것 없이 모조리 먹어 치우지만 그의 번영은 오래 가지 못한다 성공하여 하늘 끝까지 이를 때에 그가 재앙을 만나고 온갖 불운이 그에게 밀어닥칠 것

이다"(욥 20:20-22 새번역)

팔복의 사명

예수께서는 크리스천들에게 세상과 다르게 살 것을 요구하십니다. 곧 성공이 아닌 사명을 따라 사는 삶입니다. 산상수훈의 팔복은 거듭난 사람들의 사명을 명시하고 있습니다. 전반부 네 개의 복, '심령의 가난, 애통, 온유, 의에 주리고 목마름'은 내적사명입니다. 곧 내 안에 이루어야 하는 하나님 나라입니다.

심령이 가난한 자는 어느 곳에서나 하나님의 다스림이 있는 천국을 살게 됩니다. 애통하는 자는 어떤 죄라도 용서받는 천국의 위로를 받게 됩니다. 온유한 자는 어느 곳에서든지 주인처럼 당당하게 살아가는 천국 자녀의 삶을 삽니다. 의에 주리고 목마른 자는 세상 무엇에도 목마르지 않는 천국의 배부름이 있습니다. 곧 그리스도께서 주신 사명적 삶으로 인해 내 안에 임하는 하늘나라인 것입니다.

반면 후반부 네 개의 복, '긍휼, 청결, 화평, 의로 인한 박해'는 천국을 경험한 자들이 세상에서 이루어가야 할 하나님 나라입니다.

'긍휼'은 고통받는 자들의 자리에서 도움을 주는 천국 백성의 삶입니다. 긍휼의 구체적인 예는 성경에 나오는 사마리아인의 비유에서 찾아볼 수 있습니다. 사마리아인은 길에서 강도 만난 사람을 도와주고 여관에 맡겨 치유해 줍니다. 이 비유의 결론을 예수께서는 이렇게 말씀하십니다.

"가서 너도 이와 같이 하라"(눅 10:37)

'청결'은 더러움이 없는 진실함으로 행동하는 천국 백성의 삶입니다. 무엇에든지 참되고 진실한 크리스천의 삶을 통해 사람들은 그리스도를 느끼고 보게 됩니다. 성경은 그리스도인이 예수님의 향기요 거울이라고 가르칩니다.

"항상 우리를 그리스도 안에서 이기게 하시고 우리로 말미암아 각처에서 그리스도를 아는 냄새를 나타내시는 하나님께 감사하노라 우리는 구원 받는 자들에게나 망하는 자들에게나 하나님 앞에서 그리스도의 향기니"(고후 2:14-15)

'화평'은 하나님과 인간의 관계 회복을 바탕으로 인간과 인간의 관계도 회복하는 천국 백성의 삶입니다. 하나님의 아들이신 예수께서 십자가로 하나님과 죄인 된 우리를 화목하게 하셨습니다. 따라서 화목의 사명을 감당하는 자는 '하나님의 자녀'라 일컬음을 받는 복을 얻게 되는 것입니다.

"화평하게 하는 자는 복이 있나니 그들이 하나님의 아들이라 일컬음을 받을 것임이요"(마 5:9)

아울러 이 사명은 선택이 아닌 모든 크리스천이 부여받은 필수적 사명임을 성경은 명시합니다.

"모든 것이 하나님께로서 났으며 그가 그리스도로 말미암아 우리를 자기와 화목하게 하시고 또 우리에게 화목하게 하는 직분을 주셨으니"(고후 5:18)

'의로 인한 핍박'은 세상 어둠의 세력으로부터 주를 위해 고난 받는 천국 백성의 삶입니다. 하나님 앞에서 참되고 의롭게 살고자 하는 사람은 반드시 모함과 위협, 손해를 감수해야 합니다. 핍박은 성도를 온전케 하는 최종 훈련입니다. 이는 그리스도로 인하여 은혜를 받음 같이 고난도 함께하여 주님과 일치된 삶을 사는 것입니다.

"그리스도를 위하여 너희에게 은혜를 주신 것은 다만 그를 믿을 뿐 아니라 또한 그를 위하여 고난도 받게 하려 하심이라"(빌 1:29)

이상의 팔복을 보다 현실적이고 구체적으로 삶에 적용하기 위해 다음의 내용을 진단해 보기 바랍니다.

- 봉사의 사명, 공생하는 세상을 세운다.
"나는 누구에게든지 먼저 배려하고 긍휼의 대상을 넓혀 가는가?"
- 거룩의 사명, 의로운 세상을 세운다.
"나는 무엇이든지 하나님께 하듯이 진실과 정직으로 행하는가?"
- 전도의 사명, 생명의 세상을 세운다.
"나는 힘써 기회를 얻는 대로 화목의 주이신 예수를 전하고 있는가?"
- 중보의 사명, 하나님 뜻 이루는 세상을 세운다.
"나는 하나님의 뜻이 이 땅에 이루어지도록 고난을 감수하고 기도하는가?"

무명, 변두리, 가난

오늘 이 시대를 보십시오. 세상은 더 높은 곳에 오르고, 모든 것을 소유하려는 성공신화에 열광합니다. 그럼에도 어두운 역사 속에서 밤하늘에 빛나는 별처럼 여전히 세상을 밝게 비추는 사명자들이 있습니다.

하루는 오래 전에 동역했던 한 후배 목사님이 가족과 함께 저를 찾아왔습니다. 목사님은 실력과 은사가 출중한 반면, 병약한 몸을 가졌습니다. 뜻밖에 방문을 반색했더니 경상북도에 있는 산골 마을, 대여섯 명의 노인들이 모이는 교회에 부임하게 되어 인사하러 왔다고 합니다.

"아니, 자네같이 은사가 많고 훌륭한 사람이, 더군다나 병약한 사람이 그런 산골로 가다니 무슨 일인가?"

그러자 목사님은 간증을 하듯 고백합니다.

"사역지를 위해 금식기도를 하는 중에 하나님께서 말씀을 주셨어요. '이름 없이 무명으로 가라. 중심이 아니라 변두리로 가라. 잘 사는 곳이 아니라 가난한 곳으로 가라' 그래서 순종하고 가는 것입니다."

저도 모르게 무릎을 내려치며 답했습니다.

"아! 그거 하나님 말씀 맞구만. 걱정 말고 가게. 분명 하나님께서 함께하시는 길이 틀림없네."

그리고는 마음을 다해 안수하며 축복기도를 드렸습니다.

성령께서 주시는 마음의 감동으로 급히 마련한 선교헌금을 굳이 사양하는 그에게 주어 보냈습니다. 세상의 성공이 아니라 주께서 주신 사명을 위해 길 떠나는 가족들을 보면서 안쓰럽고, 미안하고, 대견하고, 부럽고, 무엇보다 자랑스러웠습니다.

그토록 약한 몸으로 어찌 고난의 길을 택할 수 있단 말입니까? 그것이 주께서 우리에게 앞서 보여주신 십자가 사명의 길이기 때문입니다.

천국 백성의 삶은 십자가 없이 불가능합니다. 십자가로 감격할 때만이 갈 수 있는 길입니다. 십자가가 이끌 때만이 갈 수 있는 길입니다. 십자가 은혜가 나를 밀고 갈 때만이 갈 수 있는 길입니다.

당신은 어느 길을 가고 있습니까? 성공의 길입니까? 사명의 길입니까? 사명의 길은 비록 사람의 눈엔 고난이요 고생의 좁은 길로 보이지만 진정 평안이요 자유요 충만의 길입니다. 내가 아니라 그리스도께서 친히 이끌어 가시는 천국의 길인 것입니다.

"주께서 생명의 길을 내게 보이시리니 주의 앞에는 충만한 기쁨이 있고 주의 오른쪽에는 영원한 즐거움이 있나이다"

(시 16:11)

06

리더십보다 팔로워십을 행하라

'기도의 여인'이라 불릴 만큼 기도를 많이 하는 한 권사님이 계십니다. 새벽에 두 시간, 밤에 한 두 시간, 이렇게 하루에 서너 시간씩 기도하는 분이십니다.

어떤 내용의 기도를 그리도 오래하는가 궁금해서 여쭈어보았습니다. 말씀인즉, 장남으로부터 시작해서 손자 손녀까지 이름을 부르며 기도하신답니다. 그 다음은 둘째, 셋째, 막내 가정까지 일일이 자녀들을 꼽아 가며 기도합니다. 그리고는 목사의 가정, 교회 성도들의 이름을 불러가며 기도하느라고 족히 서너 시간은 걸린다는 것입니다. 어림잡아도 백 명이 훌쩍 넘는 사람들입니다.

권사님은 이들 모두가 축복 받아 리더가 되고 잘 살게 해달라고 매일 기도하신다고 합니다. 건강하고, 시험에 합격하고, 승진하고, 사업 잘 되고, 집이 팔리고, 길이 열리고, 문제가 해결되어 하나님께 영광을 돌리게 해달라는 것입니다.

누군가 날 위해 기도해 준다는 것은 고마운 일임에 틀림없습니다. 그런데 한편으로 이런 질문도 떠오릅니다.

"이러한 기도는 다른 종교나 미신적인 기도와 무엇이 다릅니까?"

열매로 알리라

나의 성숙과 변화가 아닌 주변 상황과 사건들만 바뀌기를 구할 때, 우리는 그것을 '기복신앙'이라고 합니다. 물론 권사님은 교회에서 나무랄 데 없이 훌륭한 신앙인입니다. 기도뿐 아니라, 헌금, 봉사, 예배에 모범적이고 교회 리더로서 부족함이 없습니다.

그런데 한 가지, 늘 위해서 기도한다는 가족들과의 관계에서 아쉬움이 있습니다. 권사님의 거칠고 모난 말투 때문에 가장 가까이 있는 이들이 상처를 받는 것입니다. 교회에서는 양처럼 온순한데 삶의 현장에서는 지극히 자기중심적이고 무례합니다.

교회의 치부 같아서 고백하기에 부끄럽지만, 장로, 권사, 목회자 가정 자녀들이 부모의 이 같은 이중적 모습 때문에 신앙의 길을 떠나는 경우가 빈번합니다. 정도의 차이는 있지만 결코 우리와 무관하지 않은 모습 아닙니까?

주님은 이렇게 말씀하십니다.

"좋은 나무가 나쁜 열매를 맺을 수 없고 못된 나무가 아름다운 열매를 맺을 수 없느니라 아름다운 열매를 맺지 아니하는 나무마다 찍혀 불에 던져지느니라 이러므로 그들의 열매로 그들을 알리라"(마 7:18-20)

하나님을 따르는 태도

우리는 이미 크리스천의 성품, 관계, 사명의 관점에서 산상수훈의 팔복을 살펴보았습니다. 팔복의 또 다른 관점은 크리스천의 '팔로워십(followership)'입니다. 곧 하나님을 따르는 자로서의 삶의 태도입니다. 전반부 네 가지 심령의 가난, 애통, 온유, 의에 주림은 하나님을 따르기 위한 태도를 묘사합니다.

크리스천의 삶은 이끄는 리더십보다 따르는 팔로워십이 우선입니다. 누구를 인도하기 전에 먼저 그리스도를 따라야 하는 것입니다. 즉 잘 따르는 자가 좋은 리더가 되는 법입니다.

"A good follower is a good leader."

그러면 그리스도를 따르고자 할 때 갖추어야 할 태도는 무엇입니까?

가난한 마음입니다.

자신이 죄인임을 인정하고 인생의 판사이신 주(主)님을 바라보는 자세입니다. 가난한 마음 없이는 주를 따를 수 없습니다(눅 5:8, 11).

애통입니다.

죄와 죄인 된 자신의 한계성을 슬퍼하는 자세입니다. 생명의 한계, 의의 한계, 능력의 한계에 대해 애통해 할수록 영원한 승리자이신 주님을 의지할 수밖에 없습니다(시 51:17).

온유입니다.

죄로 인해 거칠어진 마음이 주 뜻대로 사용되도록 성령에 의해 부드럽게 조절되는 상태입니다. 온유한 자만이 주님을 지속적으로 따를 수 있습니다(마 26:52).

의에 주리고 목마름입니다.

오직 예수로 만족하고, 충만하지 못할 때 오는 갈망입니다
(시 42:1-2). 비로소 온전히 그리스도만을 따를 수 있습니다.

사람을 따르는 태도

산상수훈의 후반부에 나오는 네 가지 긍휼, 청결, 화평, 의로
인한 박해는 하나님을 따르는 자들이 사람을 어떻게 대해야
할 것인지를 가르쳐줍니다. 곧 어떻게 섬겨야 할 것인지에 대
한 태도입니다. 세상을 향한 크리스천의 자세는 '섬김'입니다.
"Followship is servantship."

먼저 팔로워십의 시작은 긍휼입니다. 긍휼 없이는 누구도
섬길 수 없습니다. 갈등과 경쟁이 만연하지만 알고 보면 저마
다 말 못할 사정과 아픔이 있는 불쌍한 인생입니다. 힘겨운
인생을 회복시키는 첫걸음이 바로 긍휼입니다.

불쌍히 여기는 마음으로 조금만 이해하고 감싸며 돌보면
굳어진 마음이 녹아내릴 텐데 긍휼이 없기에 그러지 못하는
것입니다. 알고 보면 내가 악하다고 여기는 사람 역시, 몰라서
그렇게 살고 속아서 그렇게 삽니다. 예수님은 큰 긍휼을 입은
우리가 작은 긍휼로 보답하지 않는 것은 '악(惡)'이라고 하십

니다.

"이에 주인이 그를 불러다가 말하되 악한 종아 네가 빌기에 내가 네 빚을 전부 탕감하여 주었거늘 내가 너를 불쌍히 여김과 같이 너도 네 동료를 불쌍히 여김이 마땅하지 아니하냐 하고 주인이 노하여 그 빚을 다 갚도록 그를 옥졸들에게 넘기니라"(마 18:32-34)

또 청결한 마음으로 섬겨야 합니다.

마음이 더러워지면 늘 오해하기 마련입니다. 그 누구도 신뢰하고 따를 수 없습니다. 상대방 의도와는 전혀 상관없이 기분 나빠하고, 시기 질투하고, 상처입고, 열등감을 느끼고, 불안해 합니다.

사울 왕이 다윗에 대해서 그랬습니다. 왜 그렇습니까? 마음이 깨끗하지 않아서입니다. 마음을 더럽히는 것들, 이기심, 욕심, 탐욕, 교만, 질투, 미움 등이 마음의 주인이 되었기 때문입니다.

혹 인간관계로 인해 마음이 자주 상합니까? 먼저 죄로 더럽혀진 자신의 마음을 청결하게 해야 합니다. 성경은 바깥이 아니라 내 안부터 살피라고 경고합니다.

"너는 네 눈 속에 있는 들보를 보지 못하면서 어찌하여 형제에게 말하기를 형제여 나로 네 눈 속에 있는 티를 빼게 하라 할 수 있느냐 외식하는 자여 먼저 네 눈 속에서 들보를 빼라 그 후에야 네가 밝히 보고 형제의 눈 속에 있는 티를 빼리라"(눅 6:42)

사람을 따르는 궁극적 목적은 화평케 하기 위함입니다. 크리스천이 살아갈 세상에는 두 종류의 사람이 존재합니다. 화평한 사람과 화평치 못한 사람입니다. 그러면 애초부터 화평한 사람만 따라야 합니까? 아닙니다. 화평한 사람을 만나면 귀하게 여기고 격려하며 축복해야 합니다.

반면 화평치 않은 사람을 만나면 그 순간부터 화평을 시도해야 합니다. 이 역시 예수께서 먼저 우리를 화해시키셨기에 마땅히 우리도 가져야 할 자세입니다. 힘써 화평을 이룰 기회를 만드는 것입니다. 그것이 주께서 우리를 하나님과 화목하게 하신 은혜에 대한 마땅한 보답입니다.

"모든 것이 하나님께로서 났으며 그가 그리스도로 말미암아 우리를 자기와 화목하게 하시고 또 우리에게 화목하게 하는 직분을 주셨으니"(고후 5:18)

화평케 하는 자로 살아갈 때 핍박이 있기 마련입니다.
하나님과 화평케 하는 것은 세상 어둠과의 결별을 의미합니다. 악한 세력이 자기 사람을 빼앗기는데 가만히 있을 리 없습니다. 가까운 사람들과 함께 공격하고 손해를 입히고 핍박을 가할 것입니다. 성경은 이미 예고했습니다.

"내가 세상에 화평을 주러 온 줄로 생각하지 말라 화평이 아니요 검을 주러 왔노라 내가 온 것은 사람이 그 아버지와, 딸이 어머니와, 며느리가 시어머니와 불화하게 하려 함이니 사람의 원수가 자기 집안 식구리라"(마 10:34-36)

그러나 긍휼로 섬기십시오. 청결한 마음을 구하십시오. 더욱 평안의 얼굴로 대하십시오. 기도로 힘쓰십시오. 분명 주께서 원수들을 물리치시고 포로된 자들을 이끌어 화평을 이루시고 마침내 너와 나, 우리 안에 천국이 임하는 것을 보여주실 것입니다.

이상 팔복의 자세를 통해 스스로 팔로워십을 점검해 보십시오.

- 긍휼 – 나는 가까운 이웃들을 불만으로 대하는가?
  긍휼로 대하는가?
- 청결 – 나는 인간관계에서 섭섭한 마음이 드는가?
  고마운 마음이 드는가?
- 화평 – 나는 주변사람과 자주 불화하는가?
  힘써 화평을 이루려 하는가?

• 핍박 – 나는 나를 욕하는 사람에 대해 공격적인가?
　　　　　위해서 기도하는가?

팔로워십의 길을 가고자 자원하십시오. 주께서 먼저 나를 위해 스스로 낮아지셨습니다. 그 길은 주께서 앞서 가신 십자가의 길입니다. 십자가를 바라보십시오. 내 안의 성령께서 십자가 사랑에 감격케 하시고 그 길을 가도록 이끄실 것입니다.

"누구든지 나를 따라오려거든 자기를 부인하고 자기 십자가를 지고 나를 따를 것이니라"(막 8:34)

조각가 하나님

베스트셀러 저자인 친구 목사가 있습니다. 친구는 오랫동안 교회 문제로 어려움을 겪다가 모든 것을 내려놓고 새롭게 교회를 개척했습니다. "그동안 고생 많이 했다"고 위로하자 도리어 자신이 부족해서 겪은 고생이라며 저자다운 깨달음을 전해줍니다.

"거칠고 모난 돌일수록 조각가의 정을 많이 맞고서야 작품으로 탄생되듯, 목사로서 모난 곳이 많아서 정을 많이 맞았습니다. 그러나 망가뜨리거나 버리시지 않는 하나님이십니다."

망가뜨리거나 버리시지 않는 하나님! 하나님은 작품을 위해 우리에게 가감 없이 뾰족한 정을 대시지만 결코 망가뜨리거나 버리시지 않습니다.

문득 염려가 앞섭니다. 만일 수년 간, 아니 수십 년 간 하나님의 작품 활동이 없었다면 그것은 혹 내 자신이 절대로 깨지지 않는 교만 덩어리라서 그런 것은 아닐까하는 것입니다.

세상의 가치를 쫓아 소유, 일, 성공, 리더를 구하는 우리를 주님은 찾아오셨습니다. 태초에 보기 좋은 작품이었던 우리의 망가짐을 다시 작품으로 다듬기 위함입니다. 때로 '고난이라는 정'을 사용하기도 하십니다. 지금 이 순간에도 고난의 정을 맞고 괴로워하는 이들도 있을 것입니다.

그러나 기억하십시오. 하나님은 결코 당신을 망가뜨리거나 버리시지 않습니다. 존귀한 하나님의 사람으로 만드는 '작품 활동' 중이십니다. 멋진 작품이 되는 길은 그 손길에 자신을 맡기고 기꺼이 따르는 것입니다.

리더십보다 팔로워십을 구하십시오. 리더가 되려 하지 말고 잘 따르십시오. 리더는 세워지는 것이지만 팔로워는 스스로 결단하는 것입니다. 세우는 것은 하나님의 몫이고 따르는 것은 나의 몫입니다. 팔로워의 길은 긍휼, 청결, 화평, 핍박당하는 길입니다. 그것이 영원한 하나님을 주님으로 모시는 자의 살아갈 자세입니다.

"이 하나님은 영원히 우리 하나님이시니 그가 우리를 죽을 때까지 인도하시리로다"(시 48:14)

07

경건보다 은혜를 구하라

어느 날 한 성도 부부가 찾아와 상담을 청했습니다. 아들이 도무지 교회를 나오지 않으니 만나서 설득해 달라는 것입니다. 청소년 시절엔 교회를 잘 다니더니 대학생이 된 후로는 교회 근처도 안 온다고 합니다.

며칠 뒤 우연한 기회에 청년을 만나 차를 마시면서 이런저런 이야기를 나눴습니다. 넌지시 교회에 나오지 않는 이유를 물었더니 뜻밖의 대답을 합니다.

"저는 부모님처럼 살고 싶지 않아요."

내가 보기엔 부모님 정도면 훌륭한데 무엇이 문제냐고 되물으니 어렵게 속마음을 털어 놓습니다. 이유인즉, 교회를 그토록 열심히 다니는 부모님이 전혀 행복해 보이지 않는다는 것입니다.

"살면서 문제가 생길 때마다 심지어 교회 문제로 힘겨워하며 속상해 하는 것을 보면, 하나님도 별 수 없다는 회의가 들곤 했어요."

또 하나는 교회와 가정에서 보여주는 부모님의 이중적 모습입니다.

"아빠는 교회에서 얼마나 인자하고 너그러우신지 몰라요. 그런데 집에서는 어찌 그리 권위적이고 자기중심적인지, 정말 이해가 안 되죠. 교회에서 하는 것의 반만이라도 집에서 하셨으면 좋겠어요. 엄마도 그래요. 고등학교 때까지 교회 안 가면 용돈을 안 주셨어요. 이젠 제가 아르바이트해서 용돈을 버니 그런 협박이 안 통하죠."

그토록 교회에 열심을 내도 변함없는 부모님을 보면서, 청년은 잘 믿을 자신도 없고, 그렇게 살고 싶지도 않다고 합니다. 청년의 부모를 목회하고 있는 목사로서 그저 유구무언이었습니다. 신앙생활을 포기하기까지 겪었을 갈등과 고민, 아픔이 얼굴에 묻어나 미안한 마음만 가득할 뿐이었습니다.

저 역시 행복하고 강건한 삶을 보여주지 못한 부모세대로서 청년에게 진심으로 사과했습니다. 많은 성도들이 예수 믿음의 참 맛을 알지 못하기에 세상에 제대로 보여주지 못하는 현실입니다.

시편 기자는 이런 우리를 향해 하나님을 그냥 알지 말고 맛보듯 음미하고 깊이 생각하여 알라고 권고합니다.

"너희는 여호와의 선하심을 맛보아 알지어다"(시 34:8)

경건의 오류

신앙인의 이중적인 모습에는 많은 원인이 있겠지만 그 중 하나는 '경건주의'입니다. '경건'이 잘못되었다는 것이 아니라 경건'주의'의 오류를 말하는 것입니다. 경건의 모양은 있으되 능력이 없는 현상은 초대교회 때부터 지적된 사실입니다.

"경건의 모양은 있으나 경건의 능력은 부인하니 이 같은 자들에게서 네가 돌아서라"(딤후 3:5)

사람들은 흔히 종교를 생각하면 경건한 모습을 떠올립니다. 하지만 오늘날 신문 만평이나 방송 등에 그려지는 종교인의 경건은 신앙인의 이중성을 풍자하는 소재가 되곤 합니다. 정말이지 신기하게도 세상은 신앙인의 이중성을 훨씬 더 잘 꿰뚫어보는 능력이 있는 듯합니다. 신앙인들 스스로는 결코 깨닫지 못하는데 말입니다.

왜 이런 현상이 나타날까요? 올바른 경건은 은혜의 기초 위에 세워져야 합니다. 경건이란 하나님께서 우리를 찾아오신 은혜에 반응하는 삶의 모습입니다.

그런데 그 순서가 바뀌어 경건의 모습을 통해 하나님의 은혜를 구하면 곤란해집니다. 경건이 그리스도께 도달하는 사다리와 같은 도구로 이용되면 안 된다는 것입니다. 크리스천은 이미 은혜의 사다리를 타고 내려오신 하나님과 더불어 사는 사람들입니다. 경건한 삶에 오류가 생기는 것은 은혜보다 경건이 앞섰기 때문입니다.

경건하게 살려는 사람에게 나타나는 흔한 증상들이 있습니다. 경건하게 살지 못하여 스스로를 자책하는 죄책감에 빠지거나, 경건한 척만 하는 위선에 빠지거나, 아니면 내가 행한 작은 경건으로 교만에 빠지는 것입니다. 이는 인간이 본성적으로 경건할 수 없는 존재임을 자각하지 않는데서 오는 현상입니다. 성경은 이것을 분명히 명시하고 있습니다.

"기록된 바 의인은 없나니 하나도 없으며 깨닫는 자도 없고 하나님을 찾는 자도 없고 다 치우쳐 함께 무익하게 되고 선을 행하는 자는 없나니 하나도 없도다"(롬 3:10-12)

일찍이 독일의 신학자 본회퍼는 말했습니다.

"그리스도인의 삶은 경건한 사람이 되는 것이 아니라 용서함 받은 죄인으로 사는 것입니다."

이렇듯 용서함받은 죄인임을 자각할 때 우리는 경건주의로 말미암은 자책, 위선, 교만에서 벗어날 수 있습니다. 용서함 받은 죄인이기에 이웃에게 미안해 합니다. 받고 누리는 모든 것이 과분하게 여겨집니다. 모든 것들에 감사하고 고마워하며 살아가는 것입니다. 미안함, 겸손함, 감사함, 고마움으로 표현되는 삶이야말로 진정한 경건의 모습입니다.

경건보다 은혜

그렇다면 무엇이 경건보다 은혜를 먼저 구하는 태도입니까?

첫째, 교회 규례보다 그리스도 주님을 사랑하십시오.
건강한 신앙생활을 하려면 그리스도의 몸인 교회에 속해야합니다. 그런데 교회에 속할 때 마땅히 행해야 할 규례들이 있음을 알아야 합니다. 주일성수를 비롯한 예배 참석, 십일조 준수, 소그룹 참여, 전도, 봉사 등입니다. 이 모든 규례를 힘쓰고 있다면 참으로 잘하는 일입니다. 그러나 이보다 더 우선적인 것이 있습니다. 먼저 그리스도를 사랑하는 것입니다. 예수를 그리스도로 사랑하고, 구속의 은혜에 감사 감격하여 먼저 내 인생, 내 몸을 드려야 합니다.

규례는 그리스도를 향한 나의 사랑을 담는 그릇입니다. 그렇지 않다면 그 규례들이 회칠한 무덤처럼 겉은 멀쩡해도 속은 부담, 가식, 위선으로 가득 차 부패하고 말 것입니다. 주님의 경고에 귀기울이십시오.

"화 있을진저 외식하는 서기관들과 바리새인들이여 회칠한 무덤 같으니 겉으로는 아름답게 보이나 그 안에는 죽은 사람의 뼈와 모든 더러운 것이 가득하도다"(마 23:27)

둘째, 교회 직분보다 그리스도 십자가를 자랑하십시오.
교회생활을 하다보면 순종으로 감당해야 할 직분이 있습니다. 직분(집사, 안수집사, 권사, 장로)은 하나님의 동역자요 교회의 일꾼으로 세움 받는 것입니다. 이는 진정 영광스럽고 자랑스러운 일임이 분명합니다.

그러나 이보다 더 우선적인 것이 있는데 먼저 그리스도 십자가를 자랑하는 것입니다. 우리가 감히 하나님의 동역자로 불릴 수 있는 것은 그리스도의 십자가 때문입니다. 무엇을 하든지 십자가 정신, 십자가 사랑으로 섬겨야합니다.

내가 하는 어떤 일을 통해서든 그리스도가 드러나야 합니다. 내가 드러나는 것은 동역이 아닙니다. 그리스도를 내 일의 동역자로 삼는 것이 아니라 그리스도께서 하시는 일에 자격 없는 내가 쓰임받는 것입니다. 그러므로 그리스도의 십자가 외에 결코 자랑할 것이 없습니다.

위대한 사도로 불리는 바울은 고백합니다.

"그러나 내게는 우리 주 예수 그리스도의 십자가 외에 결코 자랑할 것이 없으니"(갈 6:14)

셋째, 교회 사명보다 그리스도와의 친밀을 누리십시오.

팔복은 거듭난 그리스도인들의 사명을 제시합니다. 긍휼의 사명, 곧 함께 사는 세상을 이루는 것입니다. 청결의 사명, 거룩한 세상을 이루는 것입니다. 화평의 사명, 복음으로 하나님 안에서 화목한 세상을 이루는 것입니다. 핍박의 사명, 손해와 고난을 감내하며 주의 뜻을 이루는 것입니다. 팔복의 사명을 감당하는 일은 위대한 일입니다.

그러나 이보다 더 우선적인 일은 먼저 그리스도와 친밀한 것입니다. 산상수훈의 다섯 번째부터 여덟 번째 사명의 복이 첫 번째부터 네 번째에 기록된 관계의 복 이후에 기록되고 있음을 주의하십시오.

가난한 심령은 주 없이 살 수 없다는 절박한 마음입니다. 애통은 작은 죄에도 하나님과의 소통이 막히는 것을 괴로워하는 마음입니다. 온유는 주님이 마음껏 쓰시도록 모든 것을 내어 맡기는 온순한 마음입니다. 의에 주리고 목마름은 목마른 사슴이 시냇물을 찾듯이 하나님을 구하는 집중된 마음입니다.

주님과의 친밀함이 없으면 사명은 부담이요 짐이 되고 맙니다. 교회 다니는 것이 짐처럼 느껴집니까? 봉사하는 것이 부담됩니까? 예수님은 인생의 모든 부담과 짐에서 우리를 자유하게 하려고 오셨습니다. 그리스도와의 친밀함 가운데 자유와 평안을 누리십시오. 이미 태산같이 큰 짐은 주께서 감당하셨습니다. 주님은 우리를 영광에 동참하게 하시려고 가벼운 짐을 주실 뿐입니다. 주께서 우리를 초청하셨습니다.

"수고하고 무거운 짐 진 자들아 다 내게로 오라 내가 너희를 쉬게 하리라 나는 마음이 온유하고 겸손하니 나의 멍에를 메고 내게 배우라 그리하면 너희 마음이 쉼을 얻으리니 이는 내 멍에는 쉽고 내 짐은 가벼움이라 하시니라"(마 11:28-30)

은혜 안에 거하라

감사하게도 서두에 소개했던 청년은 그날 이후 다시 교회에 나와서 함께 신앙생활을 하고 있습니다. 청년의 어머니가 아들의 마음을 헤아렸는지는 모르겠지만 감사의 마음을 이야기합니다.

"제가 아이를 교회에서만 키우려고 했지 그리스도 안에서 키우지 못했습니다."

어떻습니까? 교회 안에 있는 것보다 중요한 것은 그리스도 안에 있는 것입니다. 경건보다 은혜를 구해야 합니다.

이를 위해 교회의 규례보다 그리스도를 사랑하십시오. 교회의 직분보다 그리스도 십자가를 자랑하십시오. 교회의 사명보다 그리스도와의 친밀을 누리십시오. 그리스도인으로 산다는 것은 경건의 모양이 아니라 은혜 가운데 그리스도의 능력으로 살아가는 것입니다.

예수님 한 분으로 충분합니다

여전히 저에게는 고민이 있습니다. 그것은 교회에서 그렇게 신앙이 좋아 보이는 교우들이 정작 예수 신앙의 삶은 살지 못하고, 예수 신앙의 행복은 누리지 못한다는 것입니다. 말로는 은혜와 행복을 이야기하면서도 정작 사실은 넉넉하지 못하고, 불안해 하고, 힘겨워하는 모습을 자주 보게 됩니다.

왜 우리는 진정 예수님 한 분으로 충분하지 못한 것일까요?

하나, 예수 신앙의 '본질'을 알지 못하기 때문입니다. 진정한 기독교에 대한 바른 지식이 필요합니다.

둘, 예수 신앙의 '삶을 살지 않기 때문입니다. 설혹 진정한 기독교에 대해 알고 있다 해도 그에 따른 신앙훈련과 말씀에 대한 순종이 뒤따라야 합니다.

그래서 PART 1에서는 '믿음에 관한 열 가지 질문'이라는 주제로 예수 신앙의 본질이 무엇인지를, PART 2에서는 '그리스인으로 산다는 것'이라는 주제로 예수 신앙인의 삶의 모습이 어떠해야 하는지를 설명하였습니다. 그러나 이는 단순히 지식이 되어서는 안 되고, 정신이 되고, 생명이 되고, 순종이 되어야 하기에 다시 한 번 되짚어봅니다.

믿음에 대한 열 가지 질문

다음의 열 가지 질문에 대해 성경에 근거해 확실한 대답을 할 수 있어야 그리스도인입니다.

믿음의 본질은 무엇입니까?

예수 임마누엘입니다. 예수는 임마누엘(우리와 함께 하시는 하나님)이고, 임마누엘은 예수(구원)입니다. 그렇기에 예수를 가진 자는 모든 것을 가진 자인 것입니다(고후 6:10).

믿음의 근거는 무엇입니까?

하나님의 사랑입니다. 결코 포기하지 않으시고 집요하게 추적하시는 그 사랑으로 인하여 우리는 예수님을 그리스도로 믿게 된 것입니다. 추적하실 뿐만 아니라 우리를 앞서 가셔서 그곳에서 우리를 '어서 오라'고 초대하십니다(마 11:28-30).

민음의 동기는 무엇입니까?

인간의 한계성입니다. 생명의 한계, 의의 한계, 능력의 한계에 대한 유일한 해답은 오직 '예수 그리스도'입니다(행 4:12).

민음의 목적은 무엇입니까?

그리스도를 본받는 것입니다. 그리스도의 삶의 기초인 사귐, 그리스도의 삶의 과업인 선교, 그리스도의 삶의 태도인 섬김, 그리스도의 삶의 완성인 연합을 닮아가야 합니다. 곧 그리스도처럼 종의 마음을 가져야 합니다(빌 2:5-8).

민음의 내용은 무엇입니까?

교회를 통해 계승된 성부·성자·성령 하나님에 대한 신앙고백, 곧 '사도신경[Credo]'입니다. 'Cre'는 심장이고 'do'는 드린다는 뜻입니다. 신앙고백은 단순히 말이 아니고 심장을 내어드리는 고백이어야 합니다(마 16:18).

민음의 행복은 무엇입니까?

임마누엘의 삶입니다. 민음의 눈이 뜨여 무엇을 하든지 내 안의 그리스도를 보고 느끼고 함께하며 성령의 인도를 받아 임마누엘의 은혜로 사는 것입니다(요 15:11).

믿음의 연합은 무엇입니까?

그리스도의 몸인 교회입니다. 서로를 통하여 그리스도로 충만한 '살아있는 교회(사도성, 관대함, 예배, 전도)'를 세워 가는 것입니다(엡 1:23).

믿음의 훈련은 무엇입니까?

예수의 이름으로 하는 기도입니다. 기도는 마치 연 줄과 같습니다. 기도의 줄을 계속 당기면 성령의 바람이 불어와서 어느새 독수리 창공을 날듯 우리 신앙도 멋지게 날아오르는 것입니다(마 26:41).

믿음의 능력은 무엇입니까?

그리스도의 영, 성령이십니다. 성령은 우리에게 그리스도를 믿고 알게 할 뿐만 아니라 믿음으로 세상을 이기는 능력을 주십니다. 하나님 자녀는 무엇보다 성령의 인도를 받습니다(롬 8:14).

믿음의 비전은 무엇입니까?

하나님 나라입니다. 이 땅에 하나님 나라를 이루기 위해 하나님께서는 우리 각자에게 그 시대에 성취해야 하는 사명을 주십니다. 사명을 발견하고, 사명을 위해 살고, 사명을 성취하고 죽는 사람은 이 세상 가장 행복한 사람입니다(딤후 4:7-8).

그리스도인으로 산다는 것

예수 신앙의 본질에 대해 앎뿐만 아니라, 그 지식대로 무엇에든지 먼저 절대 가치를 선택하는 것이 그리스도인으로 사는 것입니다.

지식보다 자의식을 가져라.

예수를 그리스도로 알 뿐 아니라, 십자가 사건을 내 사건으로 동일화(identify with Christ)해야 합니다. 나는 십자가에 죽고, 이제는 내 안에 그리스도가 사시는 것으로 무엇에든지 예수님께서 함께 하신다는 믿음으로 사는 것입니다(갈 2:20).

옵션보다 본질을 구하라.

세상의 좋은 것이 많지만 나의 삶의 절대 가치와 우선순위는 언제나 그의 나라와 의를 구하는 것이어야 합니다. 좋은 크리스천은 실패하지 않는 사람이 아니라 우선순위를 빠르게 회복하는 사람입니다(마 6:33).

소유보다 존재를 구하라.

인간은 소유만으로 절대 만족하거나 행복할 수 없습니다. 불만·불안·허무에 이를 뿐입니다. 오직 존재의 근원이신 그리스도만이 우리를 채우실 수 있습니다. 팔복은 존재추구의 행복한 삶의 길을 보여주고 있습니다. 존재추구의 시작은 언제나 가난한 마음에서 비롯됩니다(마 5:1).

일보다 관계를 구하라.

우리는 흔히 많은 일, 큰 일을 하려고 합니다. 그러나 하나님의 뜻은 일에 있지 않고 '관계'에 있습니다. 예배, 봉사, 선교는 일이 아니라 하나님·이웃·세상과의 바른 관계로 인한 하나님 나라의 실현입니다. 사역이 단순한 일이 아니라, 사랑의 관계가 될 때에 비로소 축복이 되는 것입니다. 팔복은 상식을 넘어 위대함을 따르는 그리스도인의 성품과 관계입니다(마 5:5, 9).

성공보다 사명을 구하라.

사람은 누구나 성공하기 원합니다. 그러나 방향이 잘못된 성공을 추구하면 결국 '성공한 실패자'가 될 뿐입니다. 하나님의 뜻은 소유적인 성공에 있지 않고 바른 관계로 인한 사명수행에 있습니다. 무엇에든지 나를 부르신 사명의 길을 갈 때에 비록 고난이라 할지라도 인생의 승리자가 되는 것입니다. 팔복은 그리스도인이면 누구나 이루어야 할 사명입니다(요 17:4).

리더십보다 팔로워십을 행하라.

너도 나도 리더가 되려는 세상입니다. 그러나 리더가 되기 전에 먼저 좋은 팔로워가 되어야 합니다. 잘 따르는 자가 좋은 리더가 되는 법입니다.

"A good follower is a good leader."

팔로워의 삶은 팔복의 긍휼, 청결, 화평, 핍박당함을 날마다 실현하는 것입니다(막 8:34).

경건보다 은혜를 구하라.

"그리스도인의 삶은 경건한 사람이 되는 것이 아니라 용서함 받은 죄인으로 사는 것입니다." 용서함 받은 죄인으로 무엇에든지 은혜를 구하고 살 때에 진정 경건한 삶이 이루어집니다. 은혜의 삶은 날마다 더욱 그리스도를 향한 가난한 심령,

애통, 온유, 의에 주리고 목마름을 품고 살아가는 것입니다(시 119:58).

주의 손에 이끌리어

인생을 살다보면 폭풍우가 몰아치듯 어려운 일들이 닥치는 때가 있습니다. 그럴 때 마음이 상하고 힘겨운 생각이 저를 끌고 가려고 합니다.

그럼에도 저는 나름대로 평안의 비결을 알고 있습니다. 이제는 무엇이든 제가 하려고 하지 않습니다. 제가 하려고 하면 할수록 어렵고 속상하고 더 복잡해져 지칩니다. 그러나 마음 상하고 힘겨운 일이 있을 적마다 저는 다시 예수 십자가를 바라봅니다. 그 십자가에 엎드립니다.

"오, 키리에 엘레이손 - 주여, 나를 긍휼히 여기소서!"

"오, 파라클레토스 - 성령이여, 임하소서!"

"오, 예수 임마누엘 그리스도시여 - 주여 뜻을 이루소서!"

하루에도 수십 번씩 나는 죽고 내 안에 예수님이 계심을 믿으며 다시 일어섭니다. 이제는 내가 하는 것이 아니고, 무엇에든지 내 안의 예수님을 힘입어서 예수님의 이름으로, 예수님의 평안으로, 예수님의 능력으로 행합니다. 그러면 다시 예수님 한 분으로 충분해지는 것입니다.

저는 아직도 미완성입니다. 가야 할 길이 멀고 해야 할 일이 많습니다. 그러나 한 가지 분명한 것은 이제는 제가 무엇을 하기보다, 무엇이든지 예수님께 물어보고 주의 손에 이끌리며 주님과 동행하기 원한다는 것입니다. 제가 하는 것이 아니라, 그리스도께서 하시고자 하시는 그 일을 주께서 이루시도록 저를 온전히 내어드리고 싶습니다. 무엇에든지 주님께 더 듣고 싶습니다. 더 배우고 싶습니다. 더 친밀하고 싶습니다. 더 동행하고 싶습니다. 더 자주 고백하고 싶습니다.

"예수님 한 분으로 충분합니다!"

부디 이 책이 진정한 기독교를 이해하고 참된 그리스도인으로 살아가는 데 조금이라도 도움이 된다면 여한이 없겠습니다. 이제 나보다 앞서 진정한 기독교를 이해하고 더 깊이 더 친밀히 그리스도와 동행했던 토마스 머튼의 기도로 이 책을 마치고자 합니다.

주님은 저의 영혼을 아십니다.
제 영혼에 어떤 변화가 필요한지도 아십니다.
주님의 방식대로 그 일을 행하소서.

오 나의 하나님, 주님께로 저를 이끄소서.

당신의 순수한 사랑으로만 저를 채워 주소서.

제가 주님의 사랑의 길에서 벗어나지 않도록 도우소서.

그 길을 분명하게 보여 주시고

제가 그 길에서 벗어나지 않게 도우소서.

그것으로 족합니다.

제 모든 것을 주님 손에 맡깁니다.

주님의 인도에는 실수도 없고 위험도 없습니다.

언제나 주님을 사랑하겠습니다.

저는 주님께 속해 있습니다.

저는 아무것도 두려워하지 않을 것입니다.

언제나 주님 손 안에 머물러 떠나지 않을 것이기 때문입니다.

- 토마스 머튼의 기도문 중에서